The Irish Catullus

The Editor and Publishers are grateful to
the following for their
generous support:

The estate of Daniel Clarke
Donal T. Clarke
Noeleen Coffey
Paul Coulson
Michael Cregan
Sheila Cunningham
Brian Friel
William Gleeson
George Huxley
Raymond Kearns
Garret Kelleher
Michael McDowell SC
Catherine Molloy
Rhóna Ní Fhógartaigh
David O'Higgins
James Sheehan
Jeremiah Sheehan
Peter Sutherland
Moira Sweeney

The Irish Catullus—
or
One Gentleman of Verona

Edited by
Ronan Sheehan
Eagarthóir
Pádraig Breandán Ó Laighin

A. & A. Farmar

Leaganacha Gaeilge de dhánta Catullus © Na filí 2010
English translations © the poets 2010
Ábhar eagarthóireachta © Pádraig Breandán Ó Laighin
The Irish translations were first published by Coiscéim in *Catullus Gaelach* (2010).
Michael Hartnett translations © The Estate of Michael Hartnett, first published by The Gallery Press in *Translations: A Selection* (2003).
'Carmina' by Peter Sirr was first published by The Gallery Press in *The Thing Is* (2009).
Frank McGuinness' translations were first published by The Gallery Press in *Dulse* (2008).
Philip McDonagh's translation first appeared in *The Gonzaga Gazette* (1969).
Anna Pacifico's poem 'Q. Metellus Celere's widow loved by Catullus under the name of Lesbia' was first published in Italy in 2006.

Editing, design and typesetting by A. & A. Farmar
Cover design by A. & A. Farmar
Cover image: detail from a painting by Sir Lawrence Alma Tadema courtesy the Philadelphia Museum of Art
Printed and bound by GraphyCems

British Library Cataloguing in Publication Data
A CIP catalogue record for this book is available
from the British Library

ISBN: 978-1-906353-19-3

This edition first published in 2010 by
A. & A. Farmar Ltd
78 Ranelagh Village, Dublin 6, Ireland
Tel +353-1-496 3625 Fax +353-1-497 0107
Email: afarmar@iol.ie Web: aafarmar.ie

in association with

Punto Robert Emmet
Centrum Latinitatis Europae
1 Dartmouth Place, Dublin 6

In Memoriam
Michael Hartnett
Pro
Michael Longley

Preface

One night in 1997, in O'Brien's Bar, Upper Leeson Street, Dublin, I asked Michael Hartnett to translate Catullus. Three days later he telephoned to say he had done the first few poems. Sadly, we never spoke again and, in 1999, he died. In due course there was an event in the bar to commemorate him; Angela Liston, Michael's partner, told me then that she had found many translations of Catullus in his papers after his death.

Three years later, in 2002 the Senate of Queen's University, Belfast decided to close the classics department. The poet Michael Longley was prominent among those who opposed the decision. He was my colleague on the board of Poetry Ireland. I urged the board to support Michael by protesting the decision. We should promote a project which would affirm Ireland's tradition in the classics, perhaps the oldest in Western Europe outside that of Italy itself. Michael Hartnett's translations could form the basis of this endeavour.

The Latin tradition of Ireland may be said to begin with Patrick in the fifth century. His *Confession* and *Letter to Coroticus* were written in Latin. Some scholars claim he was familiar with the writings of Augustine, Ambrose, Jerome and other Church Fathers. In the middle of the sixth century Saint Comgall established his monastery at Bangor on the southern shore of Belfast Lough. Columbanus learned Latin there. He founded several monasteries on the continent, most famously at Bobbio in northern Italy, itself destined to become a great centre of education. To there Saint Dungal (it is thought) brought the codex known as *The Antiphon of Bangor* when Vikings threatened the monastery in the early ninth century. Charles (later Saint) Borromeo transferred the book to the Ambrosian library at Milan in the seventeenth century. Written at Bangor circa 680–691 it contains, inter alia, the oldest eucharistic hymn: it begins '*Sancti venite corpus sumite Christi*/Come take the body of the sacred Christ'.

Tomaltach Mac Donnchada of Sligo compiled *The Book of Ballymote* about the year 1390. It includes a history of the Jews, a life of Saint Patrick, a copy of *The Book of Invasions*, the judgements of Cormac and Solomon Ó Droma's version of *The Aeneid*. This, the first translation of *The Aeneid* into a vernacular language, *Imtheachta Aeniasa*, was called 'The Irish Aeneid' in English.

This reshapes Virgil's epic to suit the taste and values of the audience for whom it was destined. Poetry is rendered into prose. The time-scheme is reworked into a linear sequence. Some material—genealogies and speeches of the gods—is cut out. Some well-known passages from Irish literature are inserted. Aeneas in places resembles Cuchulain, for example when he first appears to Dido. The emotional and sensuous matter of *The Aeneid* is heightened: the beauty of the landscape, the pain of the defeated, jewellery, the sorrow of parting.[1]

The board of Poetry Ireland adopted my proposal that we commission translations of Catullus into the Irish and English languages: *The Irish Catullus or One Gentleman of Verona*. The project was soon advanced outside the ambit of Poetry Ireland but nevertheless derives from the board's decision.

Translators were invited to work in the spirit of their mediaeval forbear. This was an invitation, not a prescription. Each responded in his or her own way and the result is, I believe, a spectacular, many-sided vision of the poetry. How each achieves a particular effect is something for another day's consideration. We have not forgotten the mediaeval Irish custom of writing in the margins of manuscripts. Peter Sirr and Anna Pacifico (One Lady From Verona) do the honours in this respect with their responses to the oeuvre as a whole.

In 2006 Carla de Petris arranged participation in the Certamen Catullianum in Lazize upon Lake Garda, near Verona. Philip McDonagh, Eiléan Ní Chuilleanáin, Michael Carroll and I took part.

Later that year, Fr Louis Brennan OFM hosted a reading at the College of Saint Isidore in Rome. John Stephenson, Dave Lordan, Philip McDonagh,

---

[1] Introduction to *The Irish Aeneid* (ed) George Calder ed. Irish Texts Society

PREFACE

Pádraig Breandán Ó Laighin, Seán Hutton, Conor Deane, Martin Brady of the Classics Department in University College, Dublin, members of the community at Saint Isidore's and members of the Irish Club in Rome took part. Seamus Heaney sent a poem, about the making of books in medieval Ireland.

Rainer Weissengruber and Loredano Marano of The European Centre For Latin (Centrum Latinitatis Europae—CLE) invited me to speak at Aquileia in Northern Italy on a number of occasions, and at Merano in the Alps.

With Richard Clarke and Sarah Tully, a branch (punto) of CLE was established in Dublin in 2009. We named it after Robert Emmet who quoted *The Aeneid*—'*in utrumque paratus*/I'm ready for either outcome'—en route to his trial in 1803.

My mentor and friend, Terry Dolan, Professor of Old and Middle English at UCD, lexicographer, literary critic, broadcaster, guided, encouraged and inspired the project from its inception.

At an early stage Pádraig Ó Snodaigh of Coiscéim managed the Irish language translation. In 2008 Pádraig Breandán Ó Laighin agreed to act as editor. They produced an Irish language translation: *Catullus Gaelach* in June of 2010.

John Dillon, Regius Professor of Greek at Trinity College, Dublin, and Denis Donoghue, Henry James Professor of English and American Literature at New York University, expressed their support for the establishment of the European Centre for Latin in Dublin. The UCD Classics Department supports the project. The text is used in translation classes in the college.

My mother Georgina (née Adye-Curran) early impressed upon me the importance of the classics in education. Her Elizabethan ancestor John Dolman founded a grammar school in Pocklington, Yorkshire in 1510 and helped to found Saint John's College, Cambridge by funding the first sizarships there.

At Gonzaga College SJ Dublin my first teachers of Latin were Noel Barber SJ, Edmund Keane SJ, John Wilson. At UCD my Latin teachers were John Richmond, John O'Meara, Victor Connerty, Raymond Astbury among others.

In 2009 Hannah Adcock and Peggy Hughes organised a Catullus reading at the Edinburgh Book Shop during the Westport Book Festival. Gabriel Rosenstock, Lucy Grig, Luke Sheehan, Michael Carroll, Lydia Sasse, Simon Ashe-Browne, Tom Conaty, Jeremy Kearney, Mia Gallagher and I took part, supported by Culture Ireland.

In 2010 the Westport Book Festival organised an event named 'A Classics Afternoon' in which *The Irish Catullus* took part. Mia Gallagher, Jay Bernard and I participated. The Ranelagh Arts Festival 2010 hosted 'An Evening with Catullus' to which fifteen translators contributed

My thanks are due to all of those named above and to Leo Tilson of the Internet Café, Rathmines, who provided invaluable assistance by setting and printing drafts of the text at important stages; to Jack Harte for advice; to Bill Felton and Ronan Bergin for design work; to Margaret Factor (née Adye-Curran) for her support throughout; to Marie Therese Keown for her art; to Michael D. Higgins TD for advice; to Brendan Duddy SJ, for his advice;to Domenico Luigi Bongiovanni, who founded the Certamen Catullianum as Mayor of Lasize, and Vera Tribus of Lasize/Verona; to Andrea Barone of Genoa; to Angiolina Lanza of Verona; to Valliard Ishinjerro of Australia; to Meghan Perry and Tim Vincent Smith of Edinburgh; to Muriel McCarthy of Marsh's Library; to Martine Cuypers of TCD for her advice; to all the patrons, who are listed separately; and to the writers who have given their work so wholeheartedly. Each has answered the call and all of us together have made this book possible.

Finally, my gratitude is due to the publishers, A. & A. Farmar, for their application, integrity and high professional standards in bringing our Latin poet to the streets of Dublin and to the shores of Belfast Lough.

Ronan Sheehan

October 2010

Gaius Valerius Catullus

Over two thousand years ago, Gaius Valerius Catullus wrote a poem in which he prayed to the Muses for immortality through poetry. His prayer was answered, for to this day he remains one of the most popular poets ever to come from Rome. His 116 poems of love, hate and everything in between have survived the rise and fall of civilisations and still retain their power to move the heart and shock the sensibilities.

Very little is known about the life of Catullus; many scholars accept that he was born in Verona some time around 84 BCE and died at the age of thirty, but beyond that, all that is certain is that he left behind him some of the most startling poems ever written in any language. In his time, he was referred to as one of the 'novi poetae' or 'new poets' because he broke with the heroic tradition handed down by Homer and his imitators, and created his own models with which to write about contemporary concerns. He could stretch to epic subject matter if the fancy took him, with one of his longer poems retelling the mythic tale of Ariadne being rescued by Dionysus, but he preferred to write about smaller, more personal subjects, like being too hard up to ask a friend to dinner, or a guest who has stolen his favourite napkin; or the incompetence and corruption of contemporary Roman politicians; or his various, and mostly unhappy, love affairs. The poems dealing with his painful affair with a woman he calls 'Lesbia' (believed to be Clodia, the wife of Q. Metellus Celer) are his most famous, ranging from the sweetest expressions of tenderness to the bitterest outpourings of hatred.

The poems of Catullus survive today because of a single manuscript known to have existed in his native Verona in the fourteenth century, at around the same time that the *Imtheachta Aeniasa* was composed. The *Imtheachta Aeniasa* was the first translation of Virgil's *Aeneid* into a vernacular language—that language being Irish. This was only one example of classical scholarship in Ireland; as far back as the fifth century CE, St Patrick wrote his *Confession* in Latin, and for hundreds of years monks and scribes kept the tradition alive. Irish translations of Latin poetry adapted their sources to suit the tastes and values of the audience that would read them, making the classics truly their own.

This volume is a present-day product of that tradition, with each of the translators (both into Irish and English) applying his or her unique talents and perspective to Catullus's poems, so as to create something both old and new: a link in a chain reaching back over two thousand years, and forward to new generations who will discover the classics anew and make them their own once more.

Note on the Latin text

The Latin text in this volume is based on the Robinson Ellis edition on Project Gutenberg and the Perseus edition, using the Bristol Classical Press and Cambridge University Press editions as further references. It follows the rule of using 'u' rather than 'v' (except for initial caps) and preferring double consonants to 'ad', 'in' etc. followed by a single consonant. Gaps in the original text are indicated thus: . . . . .

Katherine Farmar

GAIUS VALERIUS CATULLUS I

Cé air a mbronnfaidh mé mo leabhrán deas nua,
úr-líomhtha mar atá sé le slíogart?
Ar an té siúd gan amhras a fuair blas ar mo bheagán,
ortsa, a Choirnéilias dhílis:
tusa a sháraigh misneach na nIodálach
trí stair an domhain a ríomh—
trí imleabhar léannta, dar fia, toradh do shaothair.
Duitse is dual an leabhrán seo, pé beag mór a fhiúntas,
is a Mhaighdean, a éarlaimh liom,
go seasa sé breis agus céad.

Bríd Dáibhís

Cui dono lepidum novum libellum
arido modo pumice expolitum?
Corneli, tibi: namque tu solebas
meas esse aliquid putare nugas
iam tum cum ausus es unus Italorum
omne aevum tribus explicare chartis
doctis, Iuppiter, et laboriosis.
Quare habe tibi quidquid hoc libelli
qualecumque; quod, o patrona virgo
plus uno maneat perenne saeclo.

To whom shall I present this dainty new book
freshly polished up and smoothed with parched
pumice?
To you, Cornelius; for you always noticed
my fragmentary trifles were still worthwhile;
back then, when you alone among Italians
dared to explicate the whole world's history
in three volumes well-versed and hard-wrought,
by Jove!
So here it is, this little book: take and keep
it, such as it is, for all that it is worth;
and, oh Muse, may it live for more than an age.

Hugh McFadden

A ghealbhain, a pheata mo rúin,
tú ina hucht is sibh ag spraoi le chéile,
tairgeann rinn a méire duit le piocadh,
ad shaighdeadh chun greim níos géire a bhaint,
nuair a bhíonn fonn uirthi, ainnir ghlé mo ghrá,
bheith ag spraoi go soineanta suairc,
agus súil aici le faoiseamh ó phian, dar liom,
nuair is fuar do ghéar-bhroidearnach an ghrá:
nár mhéanar domsa súgradh leat mar ise,
agus duairceas mo chroí a mhaolú!

Bríd Dáibhís

Passer, deliciae meae puellae,
quicum ludere, quem in sinu tenere,
cui primum digitum dare appetenti
et acris solet incitare morsus
cum desiderio meo nitenti
carum nescio quid lubet iocari
et solaciolum sui doloris
credo ut tum gravis acquiescat ardor
tecum ludere sicut ipsa possem
et tristis animi levare curas!

Sparrow, my lady's pet, holding you in her lap,
it's *you* she plays with;
gives her fingertip for pecking
and makes you nip her sharply.
When she, my bright desire,
needs some pleasant pastime
(when her harsh passion dies)
she needs some small relief from sorrow.
And sparrow, if only I could play with you,
as my mistress does,
it would lighten all the cares
of my sad heart.

Michael Hartnett

. . . . . .

Chomh binn dom an ní seo
is a bhí an t-úll órga don ainnir aclaí úd
ag scaoileadh a creasa di
a bhí rófhada nasctha.

Bríd Dáibhís

. . . . . .

Tam gratum est mihi quam ferunt puellae
pernici aureolum fuisse malum,
quod zonam soluit diu ligatam.

Zonula

So much wanted by me
as (they conjecture),
is the gilded apple to the
untamed girl . . . because it
loosens her long fastened belt.

Sarah Tully

GAIUS VALERIUS CATULLUS III

Ochón! a Vénuschlann, gread bosa bróin,
agus gach fear cóir de mhianach ceansa ceana.
Ó an chreach! tá bobailín mo mhuirnín ina chnap,
a meanntán, monuar, a peata bán, fuar marbh.
Ba mhó de sheoid aici ná a súile cinn
an créatúirín gleoite a d'aithin a mháistreás
chomh baileach is a aithníonn girrsín a máthair,
is ní chorraíodh as clúid a bachlainn,
ach ag geiteadh seo mar siúd gach aga
léi féin amháin gan sos ag port-agall.
Gluaiste tá ar an aistear duairc úd
ó nach bhfuil filleadh in ndán de réir tuairisc.
Ach droch-chríoch oraibhse, a dhraoithe dubha an oilc
nach bhfágann tada maiseach gan alpadh,
a sciob orm gearrcach chomh caithiseach.
Ó a lá leoin! Agus ó a mheanntáin bhoicht!
Mar gheall ar do ghoin tá rosca mo leannáin
dearg deorach ó rachta goil.

Seán Ó Lúing

Lugete, o Veneres Cupidinesque
et quantum est hominum uenustiorum!
passer mortuus est meae puellae,
passer, deliciae meae puellae,
quem plus illa oculis suis amabat;
nam mellitus erat, suamque norat
ipsam tam bene quam puella matrem,
nec sese a gremio illius mouebat,
sed circumsiliens modo huc modo illuc
ad solam dominam usque pipiabat.
qui nunc it per iter tenebricosum
illuc unde negant redire quemquam.
at uobis male sit, malae tenebrae
Orci, quae omnia bella deuoratis;
tam bellum mihi passerem abstulistis.
o factum male! o miselle passer!
tua nunc opera meae puellae
flendo turgiduli rubent ocelli.

You gods of love, you lovely things
of man, lament the end
of a simple creature; sparrow
who was my darling's friend.
She loved him more than her own eyes,
for he was a delight,
and he knew her like a mother's son,
as well indeed he might,
for she would keep and cosset him
in her bosom, all day long,
or hither and thither he'd hop about her,
piping his little song.
He's on his way now, down the pitch-
black way beyond the tomb,
from where no traveller returns.
Oh blinded, wicked Gloom,
may it go ill with you for greed,
whose meal is never through
of gentle things; and snatched her sparrow
who was gentle too.
A foul deed on a poor wee bird!
The sin is on your head
that in a flash flood of tears
my darling's eyes are red.

Philip McDonagh

GAIUS VALERIUS CATULLUS IV

Deir an luamh a fheiceann sibh, a chairde,
gurb í an long ba ghasta tráth,
agus nach raibh bárc riamh faoi sheol
nár éirigh léi dul thairis, dá mba ghá,
ag scinneadh le maidí rámha nó le canbhás.
Agus ní shéanann, a deir sí, Muir Aidriad cháite
é seo ná na hoileáin Chiocladacha
agus Ródas cáiliúil agus Propontas fiáin
na Tráicia, ná duibheagán dubhach Phontas
mar a raibh sí ina foraois chraobhach tráth,
ise a bheadh ina luamh: óir ar airde Chiotóras di
ba mhinic í ag siosarnach le duilliúr cainteach.
Amastras Phontas agus Ciotóras crann-bhoscach,
bhí agus tá an méid seo ar fad ar eolas agat,
a deir an bád seoil. Ina thús in anallód, ar sí,
ba ar do mhullachsa a sheas sí,
gurbh id uisce caoin a chéad-sháigh sí a maidí,
agus uaidh sin a thug sí a húinéir thar an oiread sin
farraigí fraochta, pé acu ó chlé nó ó dheis
a mheall an séideán í, nó ar thuirling Iúpatar
aniar aduaidh ar an dá sheol in éineacht;
agus nár tugadh aon mhóid do dhéithe an chladaigh
ar a son nuair a sheol sí ag deireadh thiar thall
ón mbóchna go dtí an loch glé seo.
Ach tá na nithe seo thart; in earr a haoise di
ligeann a scíth agus caitheann a dúthracht
ar do shonsa a Chastór is ar son do leathchúpla.

Bríd Dáibhís

Phasellus ille, quem uidetis, hospites,
ait fuisse nauium celerrimus,
neque ullius natantis impetum trabis
nequisse praeterire, siue palmulis
opus foret uolare siue linteo.
et hoc negat minacis Hadriatici
negare litus insulasue Cycladas
Rhodumque nobilem horridamque Thraciam
Propontida trucemue Ponticum sinum,
ubi iste post phasellus antea fuit
comata silua: nam Cytorio in iugo
loquente saepe sibilum edidit coma.
Amastri Pontica et Cytore buxifer,
tibi haec fuisse et esse cognitissima
ait phasellus; ultima ex origine
tuo stetisse dicit in cacumine,
tuo imbuisse palmulas in aequore,
et inde tot per impotentia freta
erum tulisse, laeua siue dextera
uocaret aura, siue utrumque Iuppiter
simul secundus incidisset in pedem;
neque ulla uota litoralibus diis
sibi esse facta, cum ueniret a mari
nouissimo hunc ad usque limpidum lacum.
sed haec prius fuere: nunc recondita
senet quiete seque dedicat tibi,
gemelle Castor et gemelle Castoris.

The Pinnace
See her? Once she was the fastest
of the fleet; oar or canvas, Adriatic
to Aegean, there was nothing on the water
that could touch her. But you knew this,

since she grew up on these green slopes;
leaf-whisperings on Mount Cytorus, a forest
hewn, bark becoming bark. And such
a sturdy craft: from when her blades

first dipped in the blue waters off Amastris
there were no winds she couldn't trim to,
no seas she couldn't handle, close-hauled
on port or starboard, clipping over the waves

or downwind under thunder-clouds, the gale
a howling god. No need to pray she'd hold
her course off a lee shore; on ocean's swell
or lake of glass, she was as constant

as the lights she steered by, coming home.
Tonight she thanks those lucky stars again,
this time the last. Her voyage over; this berth
the end. All things must pass.

John O'Donnell

GAIUS VALERIUS CATULLUS V

Mairimis beo, a Lesbia liom, a's bímis seal le sáile,
a's scéal scéil uile na seanóirí stuaimstaidéartha,
measaimis ar luach na haon cianóige rua.
Féadann grianta dul faoi agus éirí ar maidin;
sinne, a luaithe a chlaonann ár léas gearr siar,
aon oíche bhuan go deo is dual dúinn codladh.
Tabhair dom míle póg a's céad iar sin,
míle le cois a's iar sin an dara céad,
go fiú fós an dara míle, a's iar sin céad;
ansin, a's na mílte móra inár gcuntas,
caillimis an comhaireamh sa chaoi ná feadramar a suim,
a's nach bhféadann neach drochamharc a dhéanamh orainn
an tan is eol dóibh iomadlíon ár bpóg.

Breandán Ó Doibhlin

Viuamus, mea Lesbia, atque amemus,
rumoresque senum seueriorum
omnes unius aestimemus assis.
soles occidere et redire possunt:
nobis, cum semel occidit breuis lux,
nox est perpetua una dormienda.
da mi basia mille, deinde centum,
dein mille altera, dein secunda centum,
deinde usque altera mille, deinde centum,
dein, cum milia multa fecerimus,
conturbabimus illa, ne sciamus,
aut ne quis malus inuidere possit,
cum tantum sciat esse basiorum.

Let us live, my Lesbia, and let us love;
let us value all the talk
of crabbèd old men at one farthing.
Suns may set and rise again;
for us, once our short light is quenched,
there's but one night of perpetual sleeping.
Give me a thousand kisses,
then a hundred;
then another thousand, then a second hundred,
and then another thousand!
And then another hundred!
And when we have kissed
so many thousand times
we shall become confused
and we won't know the count.
Nor will any man, malicious,
give us the evil eye
because he won't be able either
to count our kisses.

Michael Hartnett

Flavius, muna raibh bean luí thuatach, gharbh agat
theastódh uait labhairt fúithi le do Chatullus,
ní bheadh aon neart agat air, a mhac.
Ach táim cinnte go bhfuil tú i ngrá le toice
mhíshláintiúil éigin, leisce ort é a admháil.
Ní bhíonn tú id aonar sa leaba,
béiceann do leaba chlúimh os ard,
boladh bláthanna is cumhra Siriach uaithi,
loig ar dheis is ar chlé na ceannadhairte,
gliogarnach is suaitheadh do leapa raicítí
nuair a chroitear í. Ní fiú duit é a shéanadh,
ní fiú duit fanacht ciúin, ní bheadh cuma ainrianta ort
muna raibh tú ag déanamh rud éigin as bealach.
Bhuel, a mhac, cibé scéal atá le hinsint agat,
bhíodh sé maith nó olc, abair liom é.
ba mhian liom tú agus do ghrá bán a chur chun na spéire
le cumhacht mo chuid filíochta meidhrí.

Colette Nic Aodha

Flaui, delicias tuas Catullo,
ni sint illepidae atque inelegantes,
uelles dicere, nec tacere posses.
uerum nescio quid febriculosi
scorti diligis: hoc pudet fateri.
nam te non uiduas iacere noctes
nequiquam tacitum cubile clamat
sertis ac Syrio fragrans oliuo,
puluinusque peraeque et hic et ille
attritus, tremulique quassa lecti
argutatio inambulatioque.
nam nil stupra ualet, nihil, tacere.
cur? non tam latera ecfututa pandas,
ni tu quid facias ineptiarum.
quare, quidquid habes boni malique,
dic nobis: uolo te ac tuos amores
ad caelum lepido vocare versu.

If she wasn't from god-knows-where, Flavius,
and completely uncool, you'd talk about her.
You wouldn't be able to shut up.
You're tied up with some ghastly-looking thing,
you're ashamed to admit it. You don't sleep alone.
The bed, with a garland and with Syrian scent,
at first was mute. Now protests.
So does the bolster, likewise the creaking mattress.
It's no good proclaiming your right to silence. Why?
You're up to no good, no good at all. It is written
all over you. So what's the story? Tell me,
One way or another. I want to summons you.
And your lover. To the heavens. With my brilliant
lines of poetry.

Ronan Sheehan

GAIUS VALERIUS CATULLUS VII

Ceistíonn tú mé, a Lesbia,
faoin méid póg atá uaim,
an líon céanna le gráinní gainimh Libia
a luíonn ar Chiréine
idir aitheascal Jove chéadfaigh
agus tuama naofa shean-Bhattus, nó an oiread céanna
is atá réaltaí ann, nuair is ciúin don oíche,
a fheiceann grá neamhcheadaithe na bhfear.
Ba mhaith le Catullus, an ghealt,
an méid sin póganna a thabhairt duit,
póganna nach bhfeicfidh súile fiosracha
nó nach ndéanfar athiomrá ina dtaobh.

Colette Nic Aodha

Quaeris quot mihi basiationes
tuae, Lesbia, sint satis superque.
quam magnus numerus Libyssae harenae
laserpiciferis iacet Cyrenis,
oraclum Iouis inter aestuosi
et Batti ueteris sacrum sepulcrum,
aut quam sidera multa, cum tacet nox,
furtiuos hominum vident amores,
tam te basia multa basiare
uesano satis et super Catullo est,
quae nec pernumerare curiosi
possint nec mala fascinare lingua.

You ask of me, Lesbia, how many kisses of you may
be enough and more than enough for me. Great as
the number of the Libyan sand is, that upon silphium-
bearing Cyrene lies. Between the oracle that belongs
to warm Jove and the holy tomb that belongs to old
Battus or many as the stars, when the night be hushed,
that see the stolen kisses of men—to be kissing of you
with that many kisses, Lesbia, I deem for your mad
Catullus to be enough and more than enough. Kisses,
that let not peering, curious eyes count up nor an evil,
lying tongue bewitch.

Sarah Rees Brennan

GAIUS VALERIUS CATULLUS VIII

Catullus bocht, ba choir duit éirí as,
glac le gach ní caillte mar ní caillte.
Bhí tráth ann nuair a lonraigh an ghrian ort
is go dtéadh tú mar a raibh do bhean luí.
Thugas níos mó geana di ná d'éinne eile ar an saol.
Lúcháir orainne san am sin,
sonas, suaimhneas, a theastaigh uainn beirt.
Laethanta geala duitse, dar ndóigh.
Anois, níl tú uaithi níos mó, níor chóir cur as di, mas fíor,
a ghealt bhocht: ná lean an té atá ag teitheadh,
ná bíodh brón ort ach coinnigh ort,
bí dílis duit féin. Slán, a bhean,
tá Catullus chun an fód a sheasamh, ní bheidh tú uaidh,
ní chuirfidh sé isteach ort in aghaidh do thola.
Ach beidh cumha ort nuair nach mbeidh éinne
ag iarraidh do chomhluadair. A óinseach bhocht!
Céard atá i ndán duit? Cé a thabharfadh cuairt ort?
Cé a chuirfeadh suim ionat? Cé a thabharfadh grá duit?
Cén t-ainm a thabharfar ort nó cé air a mbronnfá póg?
An bhfuil éinne ann a fhliuchfaidh do bheola?
Ach tusa, a Chatullus, bí dílis, bí daingean, seas fód.

Colette Nic Aodha

Miser Catulle, desinas ineptire,
et quod uides perisse perditum ducas.
fulsere quondam candidi tibi soles,
cum uentitabas quo puella ducebat
amata nobis quantum amabitur nulla.
ibi illa multa tum iocosa fiebant,
quae tu uolebas nec puella nolebat.
fulsere uere candidi tibi soles.
nunc iam illa non uolt: tu quoque impotens
    noli,
nec quae fugit sectare, nec miser uiue,
sed obstinata mente perfer, obdura.
uale, puella! iam Catullus obdurat,
nec te requiret nec rogabit inuitam:
at tu dolebis, cum rogaberis nulla.
scelesta, uae te! quae tibi manet uita!
quis nunc te adibit? cui uideberis bella?
quem nunc amabis? cuius esse diceris?
quem basiabis? cui labella mordebis?
at tu, Catulle, destinatus obdura.

Stretching a point in Scazons

Sad fuck Catullus, you're not on, so don't push it!
You may consider dead what clearly has vanished.
Time was, for you, when lucky days shone so brightly,
spent coming over 'n over where your girl led you.
For none shall know a love as great as our wild love:
There, then, enjoying those quite mad intense pleasures
you lusted after; nor did she spurn these either.
Light, dazzling, pristine days agleam for you, truly.
But now she's no desire for it, or you, limpdick.
So neither heed her coyness, nor persist sadly;
But stiffen your resolve: with steady thrust keep firm.

Be vigorous girl! Now Catullus is well hard
he neither begs you nor will take you forcibly.
You will instead resent that no request's coming.
Screw you, vile slut! See what's for you in life's passage.
Yes, now who'll give you one? Who'll think that you're
    sexy?
Who now d'ya want? What role will you adopt, lover?
And who're ya gonna kiss? Whose beestung lips bite on?
Why you Catullus, keep on, resolute, rigid!

John Stephenson

GAIUS VALERIUS CATULLUS IX

A Veranius, a chara na n-ae,
scoth an trí chéad míle díobh,
an bhfuilir tagtha abhaile chun na ndéithe teaghlaigh
is chun do dheartháireacha grámhara is do
    sheanmháithrín?
Taoi tagtha! Nach méanar domsa!
Chífead thú is gan máchail ort agus cloisfead thú
ag cur síos ar chríochaibh na Spáinneach, na gaiscí, na
    finte,
mar is nós leat agus nuair a tharraingeod chugam thú
an bpógfad na súile soilbhre sin agus na beola?
Ó nach iomaí duine suairc ar an saol seo,
cé atá níos sona, níos beannaithe ná mé?

Gabriel Rosenstock

V Verani, omnibus e meis amicis
antistans mihi milibus trecentis,
uenistine domum ad tuos penates
fratresque unanimos anumque matrem?
uenisti. o mihi nuntii beati!
uisam te incolumem audiamque Hiberum
narrantem loca, facta, nationes,
ut mos est tuus, applicansque collum
iucundum os oculosque sauiabor.
o, quantum est hominum beatiorum,
quid me laetius est beatiusue?

V Veranius, the apple of my eye by three hundred
    arms-length,
out of all my buddies,
have you come back then, home and dry
to your loving brothers and elderly mother?
Yes you have; tickled-pink with the news I am.
I shall see your safe return, listen to you
telling tales of the nation's past, and its tribes of
    Hiberians,
as you do, and luring your neck next to mine
I shall kiss your smitten mouth and eyes.
Oh, of all fair-haired men holier,
is none more satisfied and sanctified than I?

Anne Fitzgerald

GAIUS VALERIUS CATULLUS X

Thugadh mo Bharus còir bho 'n Fhorum mi,
     far a' robh mi 'nam thàmh, gus céilidh a dhèanadh
air a' choileapach aige, 's i 'na fìor strìopach,
mar a thug mi 'n aire fhad 's a chuir mi sùil oirre,
ach cha b' ann 's gu robh i gun eirmse no mhaise.
Nuair a rànaig sinn, thòisich sinn a' seanchas
air siod 's a' seo is a-measg rudan eile, gu dé seòrs' àit'
a bh' ann am Bithynia a-nisd, ciamar a bha
a gnothaichean a' dol, co-dhiubh an do choisinn mi
airgead ann. Fhreagair mi (rud a bha fìor)
nach fhaigheadh praetoran fhéin, no an luchd-obrach
na bu mhotha, dòigh sam bith airson a bhith 'tighinn
air ais na bu reamhra o'n a bha iad nuair a dh'fhalbh iad,
gu h-àraidh 's gu robh béist de phraetor aca,
fear a bha fìor choma de dh'ìochdarain.
'Co-dhiubh no co-dheth', bidh iad ag ràdhainn,
'feumaidh 's gun d'fhuair thu luchd-giùlain airson
na cathrach agad. Tha iad ag ràdhainn rium
gur e siod an dùthaich far an téid an àrach'.
Gus leigeil orm air sgàth na caileig, gur mì a bha
air leth fortanach os cionn an còrr, tha mi 'g ràdhainn,
'Cha deach gnothaichean cho mì-chaoimhneil dhomh
–ge bi cho dona 's a bha a' roinn air an do thachair mi–
's nach deach mo chumail bho ochdnar fhear-giùlain
dìreach-dhruimeach 'fhaighinn.' A-nisd cha robh
gin dhiubh agam, a' sin no a' seo, làidir gu leór gus
cas bhriste seann langasaid a thogail air a ghualainn.
A' cluinntinn seo, dìreach mar an strìopach gun nàire
a bh' innte, 'An toir sibh', tha i 'g ràdhainn rium,
'A Chatulluis chòir, an toir sibh dhomh iasad

Varus me meus ad suos amores
     uisum duxerat e foro otiosum,
scortillum, ut mihi tum repente uisum est,
non sane illepidum neque inuenustum.
huc ut uenimus, incidere nobis
sermones uarii, in quibus, quid esset
iam Bithynia, quo modo se haberet,
et quonam mihi profuisset aere.
respondi id quod erat, nihil neque ipsis
nec praetoribus esse nec cohorti,
cur quisquam caput unctius referret,
praesertim quibus esset irrumator
praetor nec faceret pili cohortem.
'at certe tamen,' inquiunt, 'quod illic
natum dicitur esse comparasti,
ad lecticam homines.' ego, ut puellae
unum me facerem beatiorem,
'non,' inquam, 'mihi tam fuit maligne,
ut, prouincia quod mala incidisset,
non possem octo homines parare rectos.'
at mi nullus erat neque hic neque illic
fractum qui ueteris pedem grabati
in collo sibi collocare posset.
hic illa, ut decuit cinaediorem,
'quaeso,' inquit, 'mihi, mi Catulle, paulum
istos commoda: nam uolo ad Sarapim
deferri.' 'Mane,' inquii puellae,
'istud quod modo dixeram, me habere,
fugit me ratio: meus sodalis
Cinna est Gaius; is sibi parauit.

My mate Varus had taken me from the Forum
     where I was hanging out to drop in on his new
lady, a complete slapper as I saw in a flash though she
had a nice boat race. When we got there, we started
banging on about this and that, and among other stuff
what kind of place Bithynia was now, how things were
working out and whether I was making any lids. I was
like, (which was gospel) now neither the governors
themselves nor their people can find a way to come
back minted, specially as they had such a focker
for a governor, who didn't give a monkey's about his,
like, deputies. They were all like, 'Whatever, you must
have got some bearers for your chair. I'm told that's like,
the place where they were first popped out.' I tried to
make out to the girl that I was a lucky bastard, and was
all, 'Actually, things are John B with me—crap as the
place was that I got stuck with—I've eight goys with
straight backs.' Now I did not have a soul, here or there,
strong enough to cart about the banjaxed leg of an old
sofa. At this, just like the total chancer she was, she was
all, 'Please, dear Catullus, give us a lend of the slaves
you're going on about because I want to be given a lift
to the temple of Serapis.' 'Hang on,' I said to the girl,
'When I was on about those slaves being mine, it was a
mistake; there's this mate of mine—Gaius Cinna's his
handle—he brought them. But his or mine, who gives
a fock, I still put them to good use: anyway, you totally
wreck the head, will you not just let a goy relax.'

Sarah Rees Brennan

dhe na tràillean ud air a bheil thu 'bruidhinn
airson treiseig, a chionn 's gu bheil mi 'g iarraidh
a bhith air mo thoirt do Theampull Sherapis.'
'Stad ort', thuirt mi ris a' chaileig, 'na thuirt mi
an drasda fhéin mu dhéidhinn nan tràillean ud,
gur b' ann leam-as a bha iad, 's e sgiorr-fhacal a
bha sin; tha caraid agam—sin Gaius Cinna—
is esan a thug leis iad. Ach co-dhiubh leam-as
no leis-esan iad, bidh mi 'gan cur gu feum
dìreach mar gura b' e mi-fhìn a cheannaich iad: ach
tha thu damaichte leibideach is 'nad thuaireabadh,
cuideigin nach leig do dh'fhear a bhith aig fois?'

Lodiadh MacFhionghain

uerum, utrum illius an mei, quid ad me?
utor tam bene quam mihi pararim.
sed tu insulsa male et molesta uiuis,
per quam non licet esse neglegentem.'

GAIUS VALERIUS CATULLUS XI

Fhurius is Aurelius, a shiùbhlas còmhla ri Catullus,
biodh e a dh'ionnsaigh nan Innseachan an cèin
far am buailtear an cladach leis an tonn àrd
às an taobh an ear,

no Hyrcania agus Arabia bog, no a dh'ionnsaigh
nan Sacae agus Port nan saighdearan
no gu na machraichean ud a dhathan seachd
aibhnichean na Nile le tuil

no ged a dhèanadh e a shlighe thar nan Alpaichean àrda
no a thadhladh air na cuimhneachain
do Chaesar mòr, Rinn nan Gall, na Breatannaich
a tha treun, na fir as fhaide às

—O a chàirdean, deiseil mar a tha sibh gus aghaidh
a thoirt air na gàbhaidhean seo uile còmhla riumsa,
thoiribh leibh teachdaireachd bheag, chan e
teachdaireachd chòir, dha mo leannan.

Innsibh dhi mairsinn agus a bhith toilichte le cuid leannan,
a chumas i trì cheud aca ann an aon ghrèim gun a bhith
toirt gaoil ann an da-rìribh do dh'aon seach aon aca,
ach uair is uair gan traoghadh uile.

Agus feuch nach lorg i mo ghaol fhèin, mar a bh' ann
roimhe; seadh mo ghaol, a thuit às le coire fhèin,
mar dhithean air oir na cluana nuair a bheanaichear ris
le crann a' dol seachad.

Rody Gorman

Furi et Aureli, comites Catulli,
siue in extremos penetrabit Indos,
litus ut longe resonante Eoa
tunditur unda,

siue in Hyrcanos Arabasue molles,
seu Sacas sagittiferosue Parthos,
siue quae septemgeminus colorat
aequora Nilus,

siue trans altas gradietur Alpes
Caesaris uisens monimenta magni,
Gallicum Rhenum, horribile aequor, ulti-
mosque Britannos,

omnia haec, quaecumque feret uoluntas
caelitum, temptare simul parati,
pauca nuntiate meae puellae
non bona dicta.

cum suis uiuat ualeatque moechis,
quos simul complexa tenet trecentos,
nullum amans uere, sed identidem omnium
ilia rumpens;

nec meum respectet, ut ante, amorem,
qui illius culpa cecidit uelut prati
ultimi flos, praetereunte postquam
tactus aratro est.

Furius, Aurelius, Catullus' companions,
if even he passes through outermost India,
where the shore is made deaf by the far echo
of eastern breakers,
or through Hyrcania or girlish Arabia,
or to the Scythians or Parthian bowmen,
or to the lands that the Nile darkens
with its seven-fold delta;
or whether he crosses the high Alps when walking,
going to see the great Caesar's monuments,
the Rhine River in Gaul or Britons so dreaded—
of men the remotest.
All these—and whatever the gods have decided—
we are steeled to encounter;
so then to my girl take this little message
with not a good word in it:
let her live, let her prosper; with all her adulterers,
three hundred of whom all at once she embraces,
again and again (loving none of them truly),
destroying their bollockses.
Let her not, as before, look around for my loving;
it was her own fault that it came to be fallen
like a flower at the edge of a meadow
snipped by a plough in passing.

Michael Hartnett

GAIUS VALERIUS CATULLUS XII

Asinus Marrucinus, chan ann go deas
a chleachdas sibh ur lámh chlí agus sinn
a' gáireachdainn agus ag ól; bidh sibh a' toirt
air faibh bréidean nan daoine nach bí a' toirt an aire.
Bheil sibh a' smaoineachadh gu bheil seo éibhinn?
Chan eil e ach grod. Chan eil sibh gam chreidsinn?
Creidibh ur bráthair Pollio, a bheireadh a bheatha
gus na ghoid sibh ìocadh; oir 's e balach a th' ann
a tha lán ábhachdais agus eirmseach. Cumaibh súil
a-mach ma-thá airson trì cheud lide air,
no cuiribh a' bhréid agam air ais thugam
—tha mi coma dé as fhiach i ach 's e th' ann
cuimhneachan bho m' eólach; oir chuir Fabullus
agus Veranius thugam bréid Saetabanach,
mar thiodhlac bhon Spáinn. Ciamar a b' urrainn dhomh
ach a bhith measail orra seo mar a tha mi
air Veranius agus Fabullus mo ghaoil?

Rody Gorman

Marrucine Asini, manu sinistra
non belle uteris in ioco atque uino:
tollis lintea neglegentiorum.
hoc salsum esse putas? fugit te, inepte!
quamuis sordida res et inuenusta est
non credis mihi? crede Pollioni
fratri, qui tua furta uel talento
mutari uelit; est enim leporum
disertus puer ac facetiarum.
quare aut hendecasyllabos trecentos
exspecta, aut mihi linteum remitte,
quod me non mouet aestimatione,
uerum est mnemosynum mei sodalis.
nam sudaria Saetaba ex Hiberis
miserunt mihi muneri Fabullus
et Veranius: haec amem necesse est
et Veraniolum meum et Fabullum.

Asinius Marrucinius, you ill use your left hand during this
night out.
You spirit away the napkins of those already in their cups.
Do you think it's funny? Well, it's not.
It is rude and distastefully sly. Do you doubt me?
Then do not doubt your brother Pollio, who would gladly pay
large sums of gold or silver for the redemption of your thefts.
Because he is jolly and smart. So I can either give out to you
big time, or you can return my napkin to me.
It is not worth much but it has great sentimental value.
Fabullus and Veranius sent me some as presents from Spain.
These presents afford me nostalgic memories of my friends.

Toyin Odelade

GAIUS VALERIUS CATULLUS XIII

Bidh biadh math dha-rìribh agaibh aig an taigh agam,
Fhabullus, ann am beagan làithean, gus na diathan
a riarachadh, ma bheir sibh leibh biadh math ann
am pailteas, agus nighean ghrinn agus fìon
agus gearradh-cainnte agus gàireachdainn go leòr.
Ma bheir sibh leibh seo uile, tha mi 'g ràdh,
a charaid mo chridhe; oir tha sporan Chatullus
làn de lìontan damhan-allaidh. Ach air an làimh eile
bidh agaibh brìgh a' ghaoil bhuam fhìn, no,
rud as mìlse agus as taitniche na an gaol fhèin,
ma tha a leithid ann; oir bheir mi dhuibh
cùbhraidheachd a bheir Venus agus luchd a' Ghaoil
do mo leannan; agus nuair a dh'fhairicheas sibh
am fàileadh, bidh sibh a' guidhe gu na diathan,
Fhabullus, nach bi annaibh ach sròn fhèin.

Rody Gorman

Cenabis bene, mi Fabulle, apud me
paucis, si tibi di fauent, diebus,
si tecum attuleris bonam atque magnam
cenam, non sine candida puella
et uino et sale et omnibus cachinnis.
haec si, inquam, attuleris, uenuste noster
cenabis bene; nam tui Catulli
plenus sacculus est aranearum.
sed contra accipies meros amores
seu quid suauius elegantiusue est:
nam unguentum dabo, quod meae puellae
donarunt Veneres Cupidinesque,
quod tu cum olfacies, deos rogabis
totum ut te faciant, Fabulle, nasum.

You will partake of a wonderful dinner at my home,
my dear Fabullus,
God willing, if you bring the bountiful fare.
Bring as well dinner jokes, booze and a pretty girl.
If you do all this then dinner will be a success,
for the wallet of your Catullus is long empty.
But I can offer you deep love in return.
Even better, what is a deeper and richer feeling than
love, if this exists.
For I can give you a perfume,
one given to my lady by the goddess of love herself.
And once you take a whiff of its essence,
you will pray to God to suspend you in its sensation.

Toyin Odelade

GAIUS VALERIUS CATULLUS XIV

Murach mo ghrá as cuimse duit, a Chalvus ionmhain,
sháródh an ghráin seo a spreag do bhronntanas-sa
an ghráin a bheireann an pobal do Vatinius.
Abair! Céard tá déanta agam, céard tá ráite agam
go n-iarrfá mé a scriosadh leis an scuaine seo d'fhilí?
An phláigh anuas ar pé ar bith giolla ded chuid
a sheol chugat an lasta peacúil filíochta seo.
Ach más cruinn mo bharúil gurbh é Sulla, an pulcaire,
a sheol an scothfhéirín neamhchoitianta seo chugatsa
ní fearg atá orm ach ardáthas agus buíochas
nach raibh an gar a chuir tú air amú ort, in aisce.
Ach, dar Crom, nach uafásach is nach sacrailéideach
an leabhairín a sheol tú ar aghaidh chuig do Chatullus
d'aon ghnó, ionas go bhfaigheadh sé bás de go cinnte
lá fhéile dea-choimirceach seo na Satarnála.
Is ná bíse ag ceapadh go dtiocfása saor as seo,
mar le héirí na gréine brostóidh mé go gasta
chun a bhfuil i siopaí na leabharscrollaí a iniúchadh
is baileoidh mé le chéile cuid Caesius, Aquinus is
Suffenus, is gach aon sórt ábhair nimhnigh eile
chun do chiapadhsa a chúiteamh leat ar bhealach cuí.
Is sibhse atá ag máinneáil thart, slán go deo libhse,
gread libh don áit as a bheir sibh bhur gcosa bacacha,
a bhodacha na haoise seo, a dhrochfhilí is measa.

Seán Hutton

Ni te plus oculis meis amarem,
iucundissime Calue, munere isto
odissem te odio Vatiniano:
nam quid feci ego quidue sum locutus,
cur me tot male perderes poetis?
isti di mala multa dent clienti
qui tantum tibi misit impiorum.
quod si, ut suspicor, hoc nouum ac repertum
munus dat tibi Sulla litterator,
non est mi male, sed bene ac beate,
quod non dispereunt tui labores.
di magni, horribilem et sacrum libellum,
quem tu scilicet ad tuum Catullum
misti, continuo ut die periret,
Saturnalibus, optimo dierum!
non, non hoc tibi, false, sic abibit:
nam, si luxerit, ad librariorum
curram scrinia, Caesios, Aquinos,
Suffenum, omnia colligam uenena,
ac te his suppliciis remunerabor.
vos hinc interea ualete, abite
illuc unde malum pedem attulistis,
saecli incommoda, pessimi poetae.

If I did not love you more than my sight, my dear Calvus,
I should hate you now, as Vatinius is hated, for your gift.
What have I done to you to deserve such an awful book of poetry?
May God direct a sickness to whoever gave it to you.
But if it was Sulla the schoolmaster it's okay. I get it.
It's good of you.
Good Lord! Such pretentiousness and crap!
You send this to me a day after Saturnalia,
the most glorious of days.
Oh no my friend, I won't let this go so easily.
I'm off to the bookshops, to collect the rubbish of
Caseii, Aquini, Suffenus to repay your poetic gift to me
with interest.

Toyin Odelade

GAIUS VALERIUS CATULLUS XIVA

Má tharlaíonn go bhfuil bhur leithéidse ann ar an saol seo
a léifidh an tseafóid seo liom, trí thimpiste b'fhéidir,
is nach mbeadh leisce oraibh lámha a shíneadh im threo

· · · · · ·

Seán Hutton

Si qui forte mearum ineptiarum
lectores eritis manusque uestras
non horrebitis admouere nobis

· · · · · ·

Oh my readers, if there be any who
will read my nonsense and not shrink
from touching me with your hands

· · · · · ·

Ronan Sheehan

GAIUS VALERIUS CATULLUS XV

Cuirim mé féin is mo leannáinse faoi do choimirce,
a Aurelius. Is iarraim gar beag ort ('s is dóigh
go dtuigfeá dom má thoiligh tú riamh led chroí iomlán
go gcoimeádfaí duine nó neach slán, gan teimheal, gan smál)
súil shuáilceach a choinneáil ar an mbuachaill a ghráim
—ní chun é a chosaint ón gcoitiantacht, ós nach cás liom
an dream a bhrostaíonn anonn is anall, a n-aire
á díriú in iomlán acu ar a ngnóthaí féinig:
go fírinneach, tusa is cúis imní dom, is do bhodsa
a thugann araon faoi bhuachaillí maithe is dána.
Nuair a bheadh do shlat ina seasamh bain úsáid aisti,
aon úsáid a oireann, in aon ascaill, mar is mian leat:
ach impím ortsa an eisceacht bheag seo a dhéanamh.
Má tharlaíonn go spreagann drochaigne nó gealtacht tú,
áfach, chun coir ghráiniúil a bheartú i mo choinne,
trí luíochán a dhéanamh ar an té is ansa liom,
beidh trua agam duit as do chás anróiteach féin
—cosa scartha amach, do chúl-phasáiste oscailte
á chiapadh go dian ag ollraidisí is milléid.

Seán Hutton

Commendo tibi me ac meos amores,
Aureli. ueniam peto pudentem,
ut, si quicquam animo tuo cupisti
quod castum expeteres et integellum,
conserues puerum mihi pudice,
non dico a populo: nihil ueremur
istos qui in platea modo huc modo illuc
in re praetereunt sua occupati;
uerum a te metuo tuoque pene
infesto pueris bonis malisque.
quem tu qua libet, ut libet moueto
quantum uis, ubi erit foris paratum:
hunc unum excipio, ut puto, pudenter.
quod si te mala mens furorque uecors
in tantam impulerit, sceleste, culpam,
ut nostrum insidiis caput lacessas,
a tum te miserum malique fati,
quem attractis pedibus patente porta
percurrent raphanique mugilesque.

Aurelius, to you even my own beloved
I commend. And then this favour:
if ever your soul strained to feel
pity for something pure, without stain,
then keep him safe from your desires.
I have no fear of the immodest streets,
gang-rape of the mob never worries me,
but your roving crotch, plunderer
of the wicked and the good, I fear for him.
Fuck where you will, but this youth is mine.
This one lad I'd have you spare. Please.
Despite all infatuation, all frenzied
desires that make you a traitor to your friend.
Betray me, Aurelius, and I predict this end:
a city gasping at your shackled feet,
at such tortures as your adultery brought.

Thomas McCarthy

GAIUS VALERIUS CATULLUS XVI

Aurelius, a shaofóir, a Fhurius, a phiteáin, bainfidh
mo bhodsa díoltas as bhur dtóineanna, bhur mbéil,
mar go measann sibh de bharr mo véarsaí beaga a bheith
maoth caileanda nach bhfuilim geanmnaí bhur ndóthain.
Cé gur chóir don fhile diaganta féin a bheith gan smál
ní bhaineann an dualgas seo pioc lena chuid filíochta
nach mbeadh sách taitneamhach, sách blasta gan a bheith
ní maoth amháin ach freisin ar easpa geanmnaíochta,
le lón a dhóthain chun boid léitheoirí a mhúscailt;
ní éiní buachaillí amháin atá i gceist agam, ach diúidilioma
na riglithe gruagacha gur deacair dóibh an leaid a dhúiseacht.
Is sibhse a thugann suntas do na céadta mílte póg im shaothar,
meas sibh a chur im leith go bréagach nach adharcachán mé?
Bainfidh mo bhodsa díoltas as bhur dtóineanna, bhur mbéil.

Seán Hutton

Pedicabo ego uos et irrumabo,
Aureli pathice et cinaede Furi,
qui me ex uersiculis meis putastis,
quod sunt molliculi, parum pudicum.
nam castum esse decet pium poetam
ipsum, uersiculos nihil necesse est,
qui tum denique habent salem ac leporem,
si sunt molliculi ac parum pudici
et quod pruriat incitare possunt,
non dico pueris, sed his pilosis,
qui duros nequeunt movere lumbos.
vos quod milia multa basiorum
legistis, male me marem putatis?
pedicabo ego uos et irrumabo.

I've had it up to here
with the pair of you,
Aurelius and Furius,
one as twisted
as the other is bent.
Do you want me to tell you
what I am going
to do with you?
I am going to fuck you
the pair of you
one sideways
the other back to front.
That is because you infer
upon the basis of my dodgy poetry
that I am equally dodgy.
When the fact is
I am not dodgy at all.
The poet must be pure
though his lines may not be.
Poetry gets interesting
when there's enough spice in it
to stimulate the feeble.
I'm not talking young ones.
I'm talking old ones
who cannot fire their blood.
So, you've read of my kisses,
my hundred thousand kisses
and for those you call me effeminate?
Fuck you, Furius and Aurelius.
I'll stuff you both.

Ronan Sheehan

GAIUS VALERIUS CATULLUS XVII

A Cholóinia a bhfuil droichead fada uait chun do
  chluichí a cheiliúradh
is atá ullamh chun rince ach go scanraíonn cosa amscaí do
  dhroichidín thú
toisc gur ar sheanchuaillí nuadheisithe a sheasaid
ar eagla go dtitfeadh ina phleist sa láib,
go raibh agat dea-dhroichead de réir do mhéine
ar ar féidir deasghnátha Shalisubsilus féin a chur i gcrích,
ar acht go ligfeá dom, a Cholóinia, racht gáire a scaoileadh.
Duine dem chomhchathróirí is mian liom a dhul
tóin thar cheann ód dhroicheadsa síos sa láib,
ach bíodh sé sa chuid sin is duibhe agus is doimhne
den phortach go léir agus a sheascann bréan.
Gamal ceart é mo dhuine is níl aon oidhre air
ach páistín dhá bhliana á luascadh chun suain ag a athair.
Mar bhean chéile aige tá plúrscoth na maighdean,
is gleoite í ná meannán séimh,
ba cheart í a fhaire mar a d'fhairfí caora fíniúna aibí,
ach ligeann sé di pocléimnigh mar is toil léi
agus is cuma leis siúd sa tsíoc,
ní chorraíonn riamh ach é mar a bheadh fearnóg
i gclaí a bheadh leagtha ag tua Ligiúrach
agus gan aird aige ar an saol
fé mar nach raibh aon saol ann.
Ní fheiceann mo ghamalsa faic, faic ní chloiseann.
Níl fhios aige ón spéir anuas
an ann dó nó as.
Eisean thar éinne eile is mian liom
go dteilgfí ód dhroicheadsa
féachaint an ndúiseodh sé as a thámhnéal amaideach
agus a aigne righin a fhágaint ina dhiaidh sa dríodar lofa
  sin
fé mar d'fhágfadh miúil crú ina diaidh sa chlábar
  greamaitheach.

Gabriel Rosenstock

O Colonia, quae cupis ponte ludere longo,
  et salire paratum habes, sed uereris inepta
crura ponticuli assulis stantis in rediuiuis,
ne supinus eat cauaque in palude recumbat,
sic tibi bonus ex tua pons libidine fiat,
in quo uel Salisubsili sacra suscipiantur,
munus hoc mihi maximi da, Colonia, risus.
quendam municipem meum de tuo uolo ponte
ire praecipitem in lutum per caputque pedesque,
uerum totius ut lacus putidaeque paludis
liuidissima maximeque est profunda uorago.
insulsissimus est homo, nec sapit pueri instar
bimuli tremula patris dormientis in ulna.
cui cum sit uiridissimo nupta flore puella
et puella tenellulo delicatior haedo,
adseruanda nigerrimis diligentius uuis,
ludere hanc sinit ut libet, nec pili facit uni,
nec se subleuat ex sua parte, sed uelut alnus
in fossa Liguri iacet suppernata securi,
tantundem omnia sentiens quam si nulla sit usquam
talis iste meus stupor nil uidet, nihil audit,
ipse qui sit, utrum sit an non sit, id quoque nescit.
nunc eum uolo de tuo ponte mittere pronum,
si pote stolidum repente excitare ueternum
et supinum animum in graui derelinquere caeno,
ferream ut soleam tenaci in uoragine mula.

They're planning to play the old game on the bridge
  in my home town, Verona. The trampoline's in place,
but now they're afraid the struts of the bridge are fit
to fall in the bog, the salvaged planks so rickety
they'll hardly be up to the job, the traditional
over-the-jumps for St Sillysally's day.
I wouldn't mind reviving an older custom
from my personal book of folkways, tumbling
a picked pensioner arse over tip in the puddles
that the slow stream makes after months without rain,
and the deep tanks of mud in between. I've read up
the rituals of the selection, it has to be
an innocent, someone who hears and sees no evil,
like one I know—his wife is a friend of mine,
discreet and able, fond of a glass, good company;
she's looking forward too to the shindigs,
not that he's noticed, thick as a spruce in the forestry
where nobody's passed for years, then the power-saws
  arrive.
All the rules insist that he must be the one tossed
head first from the middle of the parapet.
It might wake him up, the flashing cameras, his name
in the paper alongside the Minister, who might decide,
with all that publicity, to give us a new sound bridge.

Eiléan Ní Chuilleanáin

GAIUS VALERIUS CATULLUS XXI

Aurelius, athair chuile ghátair,
ní hiad go léir a raibh agus atá
is a bheidh amach anseo an fíor-iomlán,
'sé do mhian déanamh cuiginne le mo ghrá.
Gan rún, gan náire, do mhagadh lena thaobhsa,
chlóíteá dá chliathán is gan seift gan triail,
is bod gan righneas do chomhcheilg im choinne,
cuirfeadsa breasal fút le réamhbhuille.
Dá mbeadh bolg teann ort ní déarfainn faic,
mar atá, 'sé a chothaíonn ionam stuaic
ná múineadh m'ógánaigh in ocras is tart.
Scoir ód bholathadaíl fad is féidir staonadh
nó cloch mhullaigh na scéala go ngeobhair do réabadh.

Simon Ó Faoláin

Aureli, pater esuritionum,
non harum modo, sed quot aut fuerunt
aut sunt aut aliis erunt in annis,
pedicare cupis meos amores.
nec clam: nam simul es, iocaris una,
haerens ad latus omnia experiris.
frustra: nam insidias mihi instruentem
tangam te prior irrumatione.
atque id si faceres satur, tacerem:
nunc ipsum id doleo, quod esurire,
ah me me, puer et sitire discet.
quare desine, dum licet pudico,
ne finem facias, sed irrumatus.

That priest, ever hungry for it,
year after year after year
would have his way with our boys.
Quite openly, playing with them,
joking, and testing them,
ever in communion with them.
The deceit! Schooled by him myself,
I would pay him back with interest.
If he were sated, I would say nothing.
But the fear that his story will repeat itself
with boys of a future generation
urges me to demand, O Fathers,
that he, for heaven's sake, be stopped.

Karl O'Neill

An Suibhneach san againne,
a Bharraigh,
ár gcara araon,
deisbhéalach:
an té sin, fuíoch fé ranna
thar aon duine eile sa chleachtain –
gach rann acu i nglanchóip dó:
deich míle acu in iomláine,
mo bharúil,
nó os a chionn san;
ní ar chlúdach litreach,
mar bhíonn an coiteann,
ach ar tháibléad dlíodóra:
gach ceann acu, úrnua, nualínithe,
fé cheangal le téip dhearg,
i riochtaibh foilsithe
ach dul 'on chlódóir.
Má sea, má chromann tú ar léamh na táirge,
cad é mar thrufais
'chumann ár Suibhneach nósmhar,
faiseanta!
Nuair a théann an gabhar 'on teampall!
Dob'fhearrde iad doirne garbhú an tsluaisteora!
Conas a chlaochlaigh seisean ar an treo san?
Ceist í le freagairt:
croí na séire,
gadaí géar na geamhoíche,
nó a sárú san,
ar thadhall le bhéarsa dhó
tuataí é ná an tuatach tuathalach.
Nach cuma san?

Suffenus iste, Vare, quem probe nosti,
homo est uenustus et dicax et urbanus,
idemque longe plurimos facit uersus.
puto esse ego illi milia aut decem aut plura
perscripta, nec sic, ut fit, in palimpsesto
relata: chartae regiae, noui libri,
noui umbilici, lora, rubra membrana,
derecta plumbo et pumice omnia aequata.
haec cum legas tu, bellus ille et urbanus
Suffenus unus caprimulgus aut fossor
rursus uidetur: tantum abhorret ac mutat.
hoc quid putemus esse? Qui modo scurra
aut si quid hac re tritius uidebatur,
idem infaceto est infacetior rure
simul poemata attigit, neque idem unquam
aeque est beatus ac poema cum scribit:
tam gaudet in se tamque se ipse miratur.
nimirum idem omnes fallimur, neque est quisquam
quem non in aliqua re uidere Suffenum
possis. suus cuique attributus est error,
sed non uidemus manticae quod in tergo est.

His Lordship, a man whom we know very well,
full of charm, elegance, and wit,
has been secretly waxing poetical,
and producing slender volumes
from beneath his voluminous robes.

Expensively bound in burgundy red,
with delicate gold-embossed lettering,
the hand-sewn leaves quiver on opening up
their innocent mawkish rhymes.
For behind this noble and urbane persona
stands a knock-kneed country boy.

Who would have thought it?
The scintillating scholar and wag
crumbles in the presence of the Muse
and, what's more, is intoxicated
with himself, the Bard of the Bench!

There again, if we are honest,
is there not something familiar here?
Do we not all harbour illusions of some sort?
Let he who is without sin be judge
and cast the first stone.

Karl O'Neill

Ní suairce riamh an fear
ach i mbun cumtha,
le méid a mheasa air féin,
le féin-chomhghairdeas.
Ná bac san,
ár ndála féin go léir an aislingíocht.
Níl éinne fós dá gcír nach Suibhneach é
i ngné nó i ngné eile;
is dual do chách a thaibhreamh
i nganfhios dó;
thiar ar a thóin ó radharc
bíonn mála an bhacaigh!

Máire Mhac an tSaoi

GAIUS VALERIUS CATULLUS XXIII

A Fhurius, sclábhaí nó bosca airgid, níl agat,
nó sceartán nó damhán alla nó tinteán,
ach tá athair agat agus leasmháthair
ar chumas a fiacla cloch thine a chogaint fiú.
Is aoibhinn an saol atá agat le d'athair
agus an neach tur sin, a chéile.
Ní hionadh: gur i bhur sláinte sibh,
feabhas an díleá agaibh, saor ó scanradh anama,
ó thinte, ó throchlú,
ó ghníomhartha ainrianta, ó bhagairtí nimhithe
agus ó dhainséir eile anró.
Lena chois sin tá bhur gcoirp chomh tirim le beann,
nó níos tirime arís má tá ní níos tirime ann,
iarmairt na gréine, an fhuachta agus an chéalacain.
Tuige nach mbeifeá folláin agus séanmhar?
Saor ó allais, agus ó sheile,
ón réama agus ó shrón silidh ad chrá.
De fheabhas ar an tsláintiúlacht seo uile,
bíonn do thóin níos loinnirí ná sáiltéar,
de bharr nach ndéanann tú cac ach níos lú ná deich
    n-uaire sa bhliain,
agus ansin a dtagann amach níos crua ná pónairí, ná
    púróga,
dá mionfá nó dá gcuimleofá id lámha é, ar éigean go salófá
    do mhéar.
Ó tharla go bhfuil na beannachtaí seo agat, a Fhurius,
ná bíodh drochmheas agat orthu ná ná dean beag díobh;
agus éirí as an bpaidreoireacht is nós leat ar son céad
    sestertia;
an uair atá tú go sóúil fulaing tú féin.

Claire Lyons

Furi, cui neque seruus est neque arca
nec cimex neque araneus neque ignis,
uerum est et pater et nouerca, quorum
dentes uel silicem comesse possunt,
est pulchre tibi cum tuo parente
et cum coniuge lignea parentis.
nec mirum: bene nam ualetis omnes,
pulchre concoquitis, nihil timetis,
non incendia, non graues ruinas,
non furta impia, non dolos ueneni,
non casus alios periculorum.
atqui corpora sicciora cornu
aut siquid magis aridum est habetis
sole et frigore et esuritione.
quare non tibi sit bene ac beate?
a te sudor abest, abest saliua,
mucusque et mala pituita nasi.
hanc ad munditiem adde mundiorem,
quod culus tibi purior salillo est,
nec toto decies cacas in anno;
atque id durius est faba et lapillis,
quod tu si manibus teras fricesque,
non unquam digitum inquinare possis.
haec tu commoda tam beata, Furi,
noli spernere nec putare parui,
et sestertia quae soles precari
centum desine: nam satis beatus.

My dear sir, I envy you your penniless life:
no possessions or employees to worry you,
just your father and his second wife
(that dry, rather sharp-toothed woman)
—how delightful for you!

Not that I'm surprised—your rude good health
and splendid digestion make a natural insulation
against the perils some of us have to contend with—
fire and flood, and fraud and theft. Insurance!

Indeed, your empty stomach seems to me ideal
to combat oppressive heat or cold.
I could learn from your example, I know.
How healthy and blessed you are!
Sweat and spittle, mucus and phlegm,
all flus and fluids so alien to you.

Most hygienic of all, perhaps, that other orifice,
daintier than a porcelain salt-cellar,
excreting but ten times a year, (oh bliss!),
and the resulting little polished pellets,
hardier than beans or the smoothest of pebbles,
wouldn't even stain your fingers, I'm told.

No, favoured with such fortune, my dear sir,
pray do not spurn it or make less of it!
As for your application for a bank loan . . .
I would be insulting you if I said yes.

Karl O'Neill

Is scoth na Juventii tú,
atá, a bhí agus a bheidh sna blianta amach anseo,
dá dtabharfá iarmhais Mhidas don bhoc sin, atá gan
    sclábhaí,
nó bosca airgid, b'fhearr liom é, in ionad ligean dó suirí
    leat.
'Céard? Nach fear galánta é?' a fhiosróidh tú. Is ea cinnte:
ach níl ag an bhfear galánta seo sclábhaí nó bosca airgid.
Ná bac le mo bhriathra dá mba mhian leat é, ach thar sin
    uilig,
ní féidir a shéanadh nach bhfuil sclábhaí ná bosca airgid
    aige.

Claire Lyons

O qui flosculus es Iuuentiorum,
non horum modo, sed quot aut fuerunt
aut posthac aliis erunt in annis,
mallem diuitias Midae dedisses
isti cui neque seruus est neque arca,
quam sic te sineres ab illo amari.
'quid? non est homo bellus?' inquies. est:
sed bello huic neque seruus est neque arca.
hoc tu quam libet abice eleuaque:
nec seruum tamen ille habet neque arcam.

Oh you who are the flower of the Juventii,
not just now,
but in times past and in times to come,
I'd prefer if you handed up your credit card
to that fellow with no job and no house
than that you should become his lover.
What? You say. He's OK, one of us, born to the purple!
Indeed he is. But one of us with nothing.
You can ignore this, if you like,
say it's of no consequence.
He'll still have no house and no job.

Ronan Sheehan

GAIUS VALERIUS CATULLUS XXV

A Thallus, a phiteog, is boige ná fionnadh coinín thú,
ná clúmh gé, ná maothán mín cluaise,
ná bod seanóra ar sileadh—caite i dtraipisí i nead
    damháin alla.
Faoi sholas na lánghealaí ar a shon san is na haíonna go
    léir ag méanfach,
féach gur mó an feall atá ionatsa ná oíche na gaoithe
    móire.
T'rom mo chóta tí ar ais, an cóta a sciobais uaim, a
    dhiabhail,
agus na naipcíní boird de líon na Spáinne, na taibhle
    péinteáilte de bhoscadhmad
agus iad ar taispeáint agatsa mar sheoda fine;
scaoil ded chrobh iad agus tabhair thar n-ais iad
nó is fuip a úsáidfidh mé chun línte a scríobh a
    chuirfidh náire an domhain ort,
línte chomh loiscneach leis an iarann lena marcáiltear
    an gadaí
ar do dhá thaobh gheala is ar do lámha beaga míne.
Beidh sceitimíní de shaghas eile ansin ort, do cheann
    ina bhulla báisín
mar a bheadh bád sa duibheagán agus na gaotha mire le
    ceangal.

Gabriel Rosenstock

C inaede Thalle, mollior cuniculi capillo
uel anseris medullula uel imula auricilla
uel pene languido senis situque araneoso,
idemque Thalle turbida rapacior procella,
cum diua mulier aries ostendit oscitantes,
remitte pallium mihi meum quod inuolasti
sudariumque Saetabum catagraphosque Thynos,
inepte, quae palam soles habere tanquam auita.
quae nunc tuis ab unguibus reglutina et remitte,
ne laneum latusculum manusque mollicellas
inusta turpiter tibi flagella conscribillent,
et insolenter aestues uelut minuta magno
deprensa nauis in mari uesaniente uento.

Hurricane

H ey you, fucker, softer than rabbit fur,
goosedown, my love's sweet earlobe,
or an old man's wrinkled dick, resting in cobwebs and
    neglect.
But when others begin to nod in the moonlight,
you're as untrustworthy as a hurricane.
You'd better return the jacket you've stolen,
as well as the scarf and the iPod
you flash around, wanker, as though you own,
get your thieving mitts off them
or I'll use my brand new boots
to tattoo your lousy arse,
break some ribs, stamp on your fingers.
You'd enjoy that, wouldn't you, tossed around
like a puny boat in a storm.

Matthew Geden

GAIUS VALERIUS CATULLUS XXVI

A Fhurius, tá do thigín tuaithe ag tabhairt aghaidh
ní ar chócha aneas ná aniar
ná ar fheothan fíochmhar aduaidh ná anoir,
ach ar mhorgáiste de chúig mhíle dhéag dhá chéad.
A leithéid de scríob nach bhfuil ar leas do shláinte!

Bríd Ní Mhóráin

Furi, uillula uestra non ad Austri
flatus opposita est neque ad Fauoni
nec saeui Boreae aut Apeliotae,
uerum ad milia quindecim et ducentos.
o uentum horribilem atque pestilentem!

Furius, your holiday home,
so nice and sheltered, close to Rome,
it may not feel the blasts of wind
but now two million you've just binned
it's your finances will be skinned.
And when they go to cash your draft
you're up shit creek without a raft!

Richard Clarke

GAIUS VALERIUS CATULLUS XXVII

A bhuachaill a riarann an seanfhíon Failéarnach,
líon amach dom cailísí searbha tréana
de réir reacht mháistreás an ragairne, Postúime,
ar súgaí í ná an fhíniúin shúgach,
ach imigh leat a uisce, scriostóir an fhíona,
cuir fút ina measc siúd gur geal leo an chríonnacht,
craobh Bhachasach craorag ar fad is ea sinne.

Colm Breathnach

Minister uetuli puer Falerni
inger mi calices amariores,
ut lex Postumiae iubet magistrae,
ebrioso acino ebriosioris.
at uos quo libet hinc abite, lymphae,
uini pernicies, et ad seueros
migrate: hic merus est Thyonianus.

Hey, kid! Yeah, you. When you're done sucking off
that old Falernian, my glass needs filling with
the strong stuff. Under Postumia's roof we play by
Postumia's rules, even if she is the biggest pissant here.
And you can take that water away from me. Fugoff!
Turns the wine to piss. You can save your water for the
decent fuckin' citizens. Kid, you're looking at the last of
the true Bacchanals.

Simon Ashe-Browne

Afho-oifigeacha de chuid Phíosó,
cloíte mar atá sibh ag an anró
agus bhur mbagáiste
iniompair ar láimh agaibh,
a Vearáinias, a ardfhir thréin,
agus tusa, Faballas, cén scéal?
'Bhfuil bhur ndóthain don ngorta is don bhfuacht
    agaibh
i dteannta an tseanghaotaire uafair sin?
'Bhfuil brabús, dá laghad, in bhur gcuntais le feiscint
Sa cholún contráilte, áfach, mar atá i mo chuidse?
Tar éis dom leanúint i ndámh mo phraetóra,
áirím gach caillteanas dom ina ghnóthachan.
Meimias, nach deas mar a dheinis mé a chlárú
agus a tholladh go mall le lán do gheineadáin.
De réir mar a chím, ní taise daoibhse é, áfach,
líonadh sibhse lena leithéid chéanna de sháfach.
Sin toradh an tsodair i ndiaidh na n-uaisle.
Mallachta sa mhullach oraibh go gcuire déithe is
    bandéithe,
a ainimhe ar oineach Romalais agus Réimis.

Colm Breathnach

Pisonis comites, cohors inanis
aptis sarcinulis et expeditis,
Verani optime tuque mi Fabulle,
quid rerum geritis? satisne cum isto
uappa frigoraque et famem tulistis?
ecquidnam in tabulis patet lucelli
expensum, ut mihi, qui meum secutus
praetorem refero datum lucello,
o Memmi, bene me ac diu supinum
tota ista trabe lentus irrumasti.
sed, quantum uideo, pari fuistis
casu: nam nihilo minore uerpa
farti estis. pete nobiles amicos.
at Uobis mala multa di deaeque
dent, opprobria Romuli Remique.

Well, how-do, Fabullus. And how-do, Veranius, old buddy, old pal. You look hungry, guys. Piso's baggage weighing you down? Tell me now, have you not taken enough punishment from that old blowhard? Or have you learned the trick of pretending the debit side of life is actually the credit side? As I did myself. Hell, after serving time with my master I figured that you just have to find the pleasure in the pain.

That's right, Memmius, you flipped me up and fucked me good! Didn't spare an evil inch.

From the looks of things, you guys have taken your share of evil inches too. Hard to scurry in the wake of rich men when you can hardly walk, right? I pray the gods spit down curses on your sorry heads, you disgraces to the names of Romulus and Remus.

Simon Ashe-Browne

Cé a fhéadfaidh féachaint air seo,
cé a fhéadfaidh é seo a fhulaingt,
mara duine gan náire é, alpaire agus cearrbhach,
a raibh ag an nGaill Chomatach agus cianfhearann na
    Breataine
go mbeadh sé anois ag Mamúra?
A Romalais a chabúin,
an féidir leat é seo a fheiscint agus a fhulaingt?
An raghaidh seisean anois ag pramsáil
go mórtasach lán suas do fhéin
timpeall ar longa lánúnachais gach éinne
amhail coileach colmáin nó Adónas?
A Romalais a chábúin,
an féidir leat é seo a fheiscint agus a fhulaingt?
Is duine mínáireach tú, alpaire agus cearrbhach.
An chuige seo, mas ea, a cheannasaí uathúil,
a thug tú faoin oileán is sia siar,
chun go slogfadh an uirlis dhrabhlásach sin agat
fiche nó tríocha milliún.
Cad is soicheall saofa ann marab é seo é?
Nár chaith sé a dhóthain ar chraos agus drúis?
Deineadh stialla cearta dá atharthacht ar dtúis,
ansin an duais a ghnóthaigh sé i bPontas,
ansin ar an tríú dul síos cuid na hEaspáine
ar féidir le Tágais an óir a luach a áireamh.
Tá curadhmhír na Gaille is na Breataine anois faoina láimh.
Cana thaobh go gcothaíonn sibh beirt an ropaire seo,
nó cad tá ar a chumas thar atharthachtaí méithe a shlogadh?
An chuige seo, a chathróirí ró-onóracha Rómhánacha
a dhein sibh, athair céile agus cliamhain, an uile ní a
    mhilleadh?

Colm Breathnach

Quis hoc potest Uidere, quis potest pati,
nisi impudicus et Uorax et aleo,
Mamurram habere quod comata Gallia
habebat ante et ultima Britannia?
Cinaede Romule, haec uidebis et feres?
et ille nunc superbus et superfluens
perambulabit omnium cubilia
ut albulus columbus aut Adoneus?
cinaede Romule, haec uidebis et feres?
es impudicus et uorax et aleo.
eone nomine, imperator unice,
fuisti in ultima occidentis insula,
ut ista uestra diffututa mentula
ducenties comesset aut trecenties?
quid est alid sinistra liberalitas?
parum expatrauit an parum elluatus est?
paterna prima lancinata sunt bona;
secunda praeda Pontica; inde tertia
Hibera, quam scit amnis aurifer Tagus.
nunc Galliae timetur et Britanniae.
quid hunc malum fouetis? aut quid hic potest
nisi uncta deuorare patrimonia?
eone nomine urbis opulentissime
socer generque, perdidistis omnia?

I say that Mamurra has taken everything that once
belonged to Gallia Comata, and everything that once
belonged to Britain, and I say that if you can hear of
these crimes and only shrug and blink, you're no better
than a degenerate fucking gambler.
Romulus, you pussy, how can you look down at this man
and only shrug, only blink?
That degenerate fucking gambler.

Tell me now; are you the only general to go to Britain
precisely because it gave you free rein to be as depraved
as you truly are? Did you go so you could sink that
incontinent cock of yours to the tune of twenty, thirty
million ducets?

You have taken liberality into the realm of free-wheeling
perversity.

Just how much can one man waste on gorging and
whoring? First he burns through his inheritance, then
he fritters away the Pontus prize-money, and let's not
overlook the squandering of the Spanish gold, or so
screams the river Tagus. Explain to me why this man has
both your favour and the run of Britain and Gaul? What
exactly does he do apart from pissing the public purse
up a wall?

Honourable men of Rome, father-in-law and son-in-
law, have you let everything good be turned to dust for
the sake of this degenerate fucking gambler?

Simon Ashe-Browne

GAIUS VALERIUS CATULLUS XXX

Ailféinis, míbhuíoch agus mídhílis dod
dhlúthchairde mar atáir,
an bhfuil deireadh, mo bhuairt, anois le do thrua dod
    chara dil?
Cad é seo?
An ea nach ndiúltaíonn tú fealladh orm nó mé a
    mhealladh a dhuine mhídhílis?
An deas le déithe na spéire fearta feallaire?
Neamhshuim leat sin go léir,
tréigeann tú mé faoi bhrón is i ngéarbhroid,
abair liom, cad is féidir le daoine a dhéanamh,
cén duine ina gcuirfidh siad a n-iontaoibh?
Go fírinneach, deirteá liom, cad é mar urchóid,
anacal m'anama a fhágaint faoi do chúram,
dom tharraingt isteach i ngrá amhail is go raibh mé
    slán,
tusa a tharraingíonn siar anois uaim
is a ligeann do ghal an aeir agus don ngaoth
do chuid bréithre go léir a scuabadh chun siúil
mar aon le do bhearta gan cur leo.
Má tá seo go léir dearúdta agat,
cuimhníonn na déithe air,
cuimhníonn Dílse
a thabharfaidh ort gan mhoill aithreachas a dhéanamh i
    do ghníomh.

Colm Breathnach

Alfene immemor atque unanimis false sodalibus,
iam te nil miseret, dure, tui dulcis amiculi?
iam me prodere, iam non dubitas fallere, perfide?
nec facta impia fallacum hominum caelicolis placent;
quae tu neglegis, ac me miserum deseris in malis.
eheu quid faciant, dic, homines, cuiue habeant fidem?
certe tute iubebas animam tradere, inique, me
inducens in amorem, quasi tuta omnia mi forent.
idem nunc retrahis te ac tua dicta omnia factaque
uentos irrita ferre ac nebulas aerias sinis.
si tu oblitus es, at di meminerunt, meminit Fides,
quae te ut paeniteat postmodo facti faciet tui.

Alfenus, unremembering, false to your friends.
Bastard. You show no compassion to someone who
    loved you.
You betray me, shamelessly. You deceive me.
Are the gods pleased with the achievements of a liar?
You ignore these matters and you ignore me.
I'm in trouble, serious trouble. I'm in pain.
Will someone please advise me? Who are people to
    trust?
What are we supposed to do?
You drew me into love. I gave my soul to you.
As if everything would be safe for me.
Then you pulled away from me.
You let the winds and vapours of the air
carry off your words and deeds.
You forget. But the gods remember.
Faith remembers. Trust remembers.
Who will soon make you feel ashamed.

Do the gods love a liar? Think about it.

Ronan Sheehan

Mian muirneach mo shúl Sirmió, d'inse na cruinne
nó dá leathinse ar mhá doimhin na taoide tuile
nó ar chúlráid chiúin na lochán-tuinne
le toil luath lán chun d'fháilte fillim
ó sheachrán na hÁise agus réidhleáin Bhiotuine
go barróg bhúidh do thinteáin dom theannú chuige.

Á! Cá'il cinniúint chomh soilbh, gan cúram cráite ag luí
ort,
is d'aigne slán ó thinneas ag dlúthachan chun dídin
don chúil dúchais caidrimh ó anró na coigríche
chun suí ar uain na coinne i mbachlainn do
chathaoireach
d'aithle mórán broide is leor liom mar chomaoin é.

Sonas ort a loc mo mhéine, díon grámhar na féile,
Sirmió, sonas agus céad; ní cheilim rún is lámh ort,
ag freastal ár ndúilcheana déanam gáire ar gháire
ar fuaid chom lán do linne le cuilithíní áthais.

Seán Ó Lúing

Paene insularum, Sirmio, insularumque
ocelle, quascumque in liquentibus stagnis
marique uasto fert uterque Neptunus,
quam te libenter quamque laetus inuiso,
uix mi ipse credens Thyniam atque Bithynos
liquisse campos et uidere te in tuto!
o quid solutis est beatius curis,
cum mens onus reponit, ac peregrino
labore fessi uenimus larem ad nostrum
desideratoque adquiescimus lecto?
hoc est quod unum est pro laboribus tantis.
salue, o uenusta Sirmio, atque ero gaude;
gaudete uosque, o Lydiae lacus undae;
ridete, quidquid est domi cachinnorum.

Gladly I return to Sirmio,
a disposition dreamed of these last few years.
Now here it is,
shining, familiar,
more nearly an island than I remember
but the same bright eye on the face of the water.
My eyes skid off the sight of you, Sirmio,
like spinning stones off a calm sea,
touch, and away, and again, then
wait to know the slow depth of your welcome.

Here I sleep in my own deep bed.
And isn't this why anyone goes travelling,
to come safely home again?
It's true;
turning my eyes from Thynia has made me invisible,
unavailable to annoyances there.
I tell you: everywhere,
up and down the world, men stand to the knees in care,
hearts going like drums
and with unconfronted fears teasing the night.

No such vexation for me.
My voyage has been paid and I am at my ease.
Watch over me now, let you,
and so great the burden I lay down
so great be the rest I shall have with you.
I know well you think me sentimental;
laugh if you like, mock me, I don't mind,
only show me your face, Sirmio,
let me meet each time
that cool clear gaze of land beside water.

Brian Mackey

GAIUS VALERIUS CATULLUS XXXII

Impím ort a Ipsitilla dhil,
mo chnuas beiche a fhuasclós m'iall,
dáil orm cuireadh scoraíocht iarnóna,
is má cheadaíonn tú m'achainí ceadaigh leis m'aisce:
nach mbacfar orm ag clár do thairsí,
's nach mbuailfidh fonn ort bualadh slí,
ach fanacht sa bhaile ag tiargáil dhom
naoi bproit bhríomhara, ceann ar cheann.
Agus raid chugham an focal, ná moilligh a thuilleadh,
óir táim sínte ar leaba théis chaitheamh proinne
agus fód ar mo phíce amach tré mo chlóca.

Simon Ó Faoláin

Amabo, mea dulcis Ipsitilla,
meae deliciae, mei lepores,
iube ad te ueniam meridiatum.
et si iusseris illud, adiuuato,
ne quis liminis obseret tabellam,
neu tibi libeat foras abire;
sed domi maneas paresque nobis
nouem continuas fututiones.
uerum, si quid ages, statim iubeto:
nam pransus iaceo et satur supinus
pertundo tunicamque palliumque.

Come on, sweet mouth,
you who could charm
the trees from the birds,
your breath is a butterfly,
you know what I want,
what's keeping you—ring me.
Let's make love in the afternoon.
I need to—I need it now.
If you want to fuck, we'll fuck.
My hand's hard with the motion
stoning trousers and drawers.

Frank McGuinness

GAIUS VALERIUS CATULLUS XXXIII

Aghadaithe móra, is sibh ag póirseáil thart sna folcadáin,
Vibennius an t-athair, is an mac an phiteog
(lena lámh shleamhain is ea a ghoideann an t-athair
agus lena thóin mhór Vibennius Óg)
bailígí libh in ainm an diabhail bhuí!
Is eol do mhadraí an bhaile gur bithiúnach é an t-athair,
is ní dhíolfadh an mac a thiarpa ar leathphingin rua.

Gabriel Rosenstock

Ofurum optime balneariorum
Vibenni pater, et cinaede fili,
(nam dextra pater inquinatiore,
culo filius est uoraciore)
cur non exsilium malasque in oras
itis, quandoquidem patris rapinae
notae sunt populo, et natis pilosas,
fili, non potes asse uenditare?

Watch that old boy, Vibennius,
he'd steal the skin from your ass.
His son prefers gander to goose.
We've all parked up his cul de sac.
The whole world knows the daddy's doings—
no shame on him, no hiding place.
I do begin to pity the young buck,
his arse hairy as a jungle.
Past it now, he'd piss for a penny.
Sorry, pal, no takers anymore.

Frank McGuinness

GAIUS VALERIUS CATULLUS XXXIV

Muidne tairisigh Diana,
cailíní óga is buachaillí íonghlanta,
canaimis caintic Diana,
buachaillí is cailíní íonghlanta.

Ó a ghearrchaile Latona
sárshíolbhach Ióibh oirdhearcaigh
a rugadh dod mháthair faoi chrann olóige Delos
le go mbeifeá mar spéirbhean na sléibhte,

na gcrann glasa coillte, na ngleannta diamhra
is siosamar na n-abhann; glaonn máithreacha
i gceas naíon Iúnainn Lucina ort
is arís Trivia uilechumhachtach

nó Ré bréag sholasta.
Leagann tú amach, a bhandia, imrothlú na bliana
i míonna na gealaí is líonann tú go béal
le torthaí aibí iothlainn an fheirmeora.

Go naofar d'ainm nó pé ainm a roghnaíonn tú,
is ansin de réir do ghnáis anallód,
cuirimid mar achainí arís ort
teacht i gcabhair orainn go slánófar cine Romulus.

Deirdre Brennan

Dianae sumus in fide
puellae et pueri integri;
Dianam pueri integri
puellaeque canamus.
o Latonia, maximi
magna progenies Iouis,
quam mater prope Deliam
deposiuit oliuam,
montium domina ut fores
siluarumque uirentium
saltuumque reconditorum
amniumque sonantum;
tu Lucina dolentibus
Iuno dicta puerperis,
tu potens Triuia et notho es
dicta lumine Luna.
tu cursu, dea, menstruo
metiens iter annuum
rustica agricolae bonis
tecta frugibus exples.
sis quocumque tibi placet
sancta nomine, Romulique,
antique ut solita es, bona
sospites ope gentem.

We, youths and maidens,
chaste as we are,
are pledged in faith to Diana.
(Come, chaste maids and striplings, come,
let us sing Diana's praises!)
Offspring of Latonia,
fathered by very Jove,
whose mother bore you
beneath the Delian olive
to be Mistress of the Mountains,
of the Green Woodland, the Hidden Valleys,
the Resounding Waters,
mothers cry to you in their birth pangs,
calling you Juno Lucina,
Great Trivia too,
and Light of Moon.
Goddess, you measure out,
month by month,
the year's itinerary,
filling the farmer's home
with abundant harvest.
By whatever holy name you please,
we pray you, now as ever,
keep safe the people of Romulus.

Pádraig J. Daly

GAIUS VALERIUS CATULLUS XXXV

Abair leis an bhfile muirneach sin,
mo chara cléibh Caecilius
go gcuirfeadh sé maise ar mo shúile cinn
dá bhfágfadh sé fallaí Como Nua
is cladaí locha Larius ina dhiaidh
agus teacht go Verona; nó is mian liom
go gcloisfeadh sé uaim i dtaobh smaointe áirithe
cara leis féin ar chara leat fosta é. Uime sin
más rud é go bhfuil gaois agus gastacht ann,
déanfaidh sé deifir a anama chugam,
fiú is ainnir álainn na huaire ag fáisceadh
a dá láimh i lombharróg thar mhuinéal air,
á ghlaoch arís is arís eile ag impí air filleadh,
ag impí air moilliú. Anois, más fíor é an scéal,
tá sí splanctha ina dhiaidh, ag tabhairt
na tuillte tromghrá dó. An créatúr bocht,
ón nóiméad a chrom sí ar an gcéad
dréacht dá 'Bhantiarna Dindymus' a léamh
bhí sé spíonta go smior is go smúsach
ag loinne a hainmhéine. Gabh leor liom, a óigbhean
níos léannta ná an Bhé Shafach,
nó gan amhras, chuir Caecilius
an chluain Mhuimhneach ort
san tús úd dá 'Mháthair Ársa'.

Deirdre Brennan

Poetae tenero, meo sodali
elim Caecilio, papyre, dicas,
Veronam ueniat, Noui relinquens
Comi moenia Lariumque litus:
nam quasdam uolo cogitationes
amici accipiat sui meique.
quare, si sapiet, uiam uorabit,
quamuis candida milies puella
euntem reuocet manusque collo
ambas iniciens roget morari,
quae nunc, si mihi uera nuntiantur,
illum deperit impotente amore:
nam quo tempore legit incohatam
Dindymi dominam, ex eo misellae
ignes interiorem edunt medullam.
ignosco tibi, Sapphica puella
Musa doctior: est enim uenuste
Magna Caecilio incohata Mater.

Papyrus page, tell that gentle poet,
my heart's companion, Caecilius, to abandon
the walls of Novum Comum
and the shores of Larius
and hasten to Verona
for I wish him to receive here
some thoughts of a friend,
you both share.
If he be wise,
he will devour the way,
even though that lovely maid of his
should call him back a thousand times,
throwing her arms around his neck,
begging him to delay.
If the story be true,
she dotes on him helplessly:
ever since she read the opening passages
of 'The Mistress of Dindymus'
the flames have eaten into her very marrow.
I do feel for you, lady,
learned as the Sapphic Muse:
Caecilius has begun his Magna Mater well.

Pádraig J. Daly

Annála Volusius, a cháipéisí caca,
scaoiligí a móid ar son mo chailín:
mar mhóidigh sí do Chupid
agus Vénus naofa, dá dtabharfaí mise
ar ais di, is dá n-éireoinn as
bhéarsaí borba a raideadh,
go mbronnfadh sí scoth a raibh breactha
ag an bhfile is measa ar Vulcan mallchosach
le loisceadh i dtine adhmaid mhallaithe;
agus shamhlaigh an cailín ba mheasa
an mhóid seo adeirim a thabhairt
mar chleas magaidh dos na déithe;
anois, a Vénus, a saolaíodh ón muir ghorm,
a mhaireann in Idalium naofa agus Urios glan,
in Ancona agus Cnidus lán d'fhiailí,
in Amathus agus Golgi,
in Dyrachius, tábhairne Hadria,
féach chuige go nglacfar leis
go bhfuil an mhóid íoctha comhlíonta,
mura bhfuil sí míthaitneamhach ná tuathalach;
ach, idir an dá linn, isteach libh sa tine,
sibhse atá chomh dúr, chomh tuata,
a annála Volusius, a cháipéisí caca.

Louis de Paor

Annales Volusi, cacata carta,
uotum soluite pro mea puella:
nam sanctae Veneri Cupidinique
uouit, si sibi restitutus essem
desissemque truces uibrare iambos,
electissima pessimi poetae
scripta tardipedi deo daturam
infelicibus ustilanda lignis.
et hoc pessima se puella uidit
iocose lepide uouere diuis.
nunc, o caeruleo creata ponto,
quae sanctum Idalium Uriosque apertos,
quaeque Ancona Cnidumque harundinosam
colis, quaeque Amathunta, quaeque Golgos,
quaeque Durrachium Hadriae tabernam,
acceptum face redditumque uotum,
si non illepidum neque inuenustum est.
at vos interea uenite in ignem,
pleni ruris et inficetiarum
Annales Volusi, cacata carta.

Chronicle of Volusius, sheets of shit,
on my love's behalf, clear a vow,
she swore to holy Venus and to Cupid
that if I were reinstated within her love
and gave up all that old versifying
she would give the slow-footed god
the dreariest drivel of the worst poets possible
for burning, with wood from an accursed tree,
my dearest love knew she could find no verse worse.
All for the happy gods, in jest of course,
now, you, born of the cerulean sea
who lives in sacred Idalium and open Urii,
Ancona and marshy Cnidus.
in Golgi and Amathus,
in Dyrrhacium, the focal point of all Hadria,
the vow she has made, record it, mark it paid.
For certain, it does not offend the aesthetic soul,
to the flames with you, you bundle of rural crap and
    clumsiness.
Chronicle of Volusius, sheets of shit.

Rita Kelly

GAIUS VALERIUS CATULLUS XXXVII

Sibhse a ghnáthaíonn tábhairne na striapach,
naoi ndoras anall ó theampall an chúpla
   chochallaigh,
an dóigh libh gur agaibhse amháin atá diúlach,
gur fúibhse amháin atá bualadh na gceamach,
'gus chomh brocach le pocán atá fuílleach na bhfear?
Nó de bharr go suíonn i bhur líne slíbhíní,
céad nó dhá chéad de líon slua,
nach de dhánacht ionam bhur n-iomlán a bhascadh?
Smaoinigh do rogha, mar táimse chun breacadh
Tigh Mhic an Óil le graostacht fútsa.
Óir an cailín úd a d'éalaigh óm bharróg,
dona raibh agam searc nach sárófar go deo,
is ann anois atá sí i mbun ghnó.
Is ionúin í daoibhse, lucht stádais is rachmais
– cúis náire go brách di – díodar an mhiangais
a shnámhann thart i ndiamhracht cúlbhealaigh.
Agus tusa thar cách, barrshamhail na ngaigí,
Egnatius, mac Cheilt-Ibéir na gcoiníní,
d'uaisleacht ort bronnta ag féasóg gan eagar
agus fual Spáinneach a chuimlís led chár.

Simon Ó Faoláin

Salax taberna uosque contubernales,
a pilleatis nona fratribus pila,
solis putatis esse mentulas uobis,
solis licere, quidquid est puellarum
confutuere et putare ceteros hircos?
an, continenter quod sedetis insulsi
centum an ducenti, non putatis ausurum
me una ducentos irrumare sessores?
atqui putate: namque totius uobis
frontem tabernae sopionibus scribam.
puella nam mi, quae meo sinu fugit,
amata tantum quantum amabitur nulla,
pro qua mihi sunt magna bella pugnata,
consedit istic. hanc boni beatique
omnes amatis, et quidem, quod indignum est,
omnes pusilli et semitarii moechi:
tu praeter omnes une de capillatis,
cuniculosae Celtiberiae fili,
Egnati, opaca quem bonum facit barba
et dens Hibera defricatus urina.

You cunt-struck regulars of thon bordel
nine lampposts down from Saint Whosit's kirk.
Do you think you're the only lads wi stanes
and whangs and leeschence for hochmagandy.
And that the rest of us stew like billygoats?
Or because a hundred of you titlins cram
up tight together, do you think I wouldn't
arse-fuck the lot of yez where you're sitting?
Think what you like: for I'm going to scrawl
filth about yez all on the knocking-shop-front
for my lass who has flitted from my arms
on whose bonny behalf I'm forfochtin
(no doxie will ever be so doted on again)
is squatting there. You're all her lovies now.
All you weel-gaithert cockapenties and—worse—
you shilpit pervs and poxy curbcrawlers
and—worst of all—you, Egnatius, you,
prince of the prinkie dudes wi dabberlacks.
Sin of rabbity Spain your kenspeckles
bushy baird and teeth brushed wi Spanish piss.

Michael Longley

Glossary

stane, testicle; *whang*, penis; *leeschence*, licence; *hoch-magandy*, fornication; *stew*, stink, cause a stench; *titlin*, runt; *forfochtin*, exhausted with fighting; *doxie*, sweetheart; *weel-gathert*, rich; *cockapentie*, snob; *shilpit*, puny; *prinkie*, foppish, conceited; *dabberlacks*, long lank hair; *sin*, son; *kenspeckle*, distinguishing feature.

Tá do Chatullus tinn, a Chornificius,
—marbhfháisc air mar thinneas!—tinn go smior,
é ag dul in olcais gach aon lá 'gus uair,
is cad é an dualgas éadrom agus fuirist mar chúram?
Ar dháilis focal tláth mar bhalsam ar a fhulaingt?
Do tháire dom ghrá a fhágas orm sobal go cluas.
Ach deonaigh dom mar shólás aon fhriotal bhinn ghlé
chomh truamhéileach is tais le deora Simonides.

Simon Ó Faoláin

Malest, Cornifici, tuo Catullo,
malest me hercule ei et laboriose,
et magis magis in dies et horas.
quem tu, quod minimum facillimumque est,
qua solatus es adlocutione?
irascor tibi. sic meos amores?
paulum quid libet adlocutionis,
maestius lacrimis Simonideis.

My heart darkens, Cornificius,
its burning being eclipsed,
little by little, hour by hour,
by your cruel silence.

I am dying, Cornificius,
my pains engulfed in jealous fury.
Who has taken from me
your sweetly consoling, wording lips?

Is my love so small a thing, Cornificius,
for you to disregard it on the slightest whim?
Lest anger overwhelm my death,
please, just one word to ease the way.

Grania Mackey

Mar go bhfuil déad cailce aige
bíonn Eighneachán i gcónaí gealgháireach.
Os comhair an bhinse fiosrúcháin,
deora á mbaint ag cumadóireacht abhcóide chosanta,
leathann a gháire air.
Ag teach faire gasúir ionúin,
máthair ag caoineadh a haonmhic,
leathann a gháire air.
Is cuma cén áit, cén t-am, cén t-imeacht,
leathann a gháire air.
Galar atá ann, is ní galar galánta,
dar liom, ná galar cuí.
Éist le mo ghuth, mar sin, a Eighneacháin chóir:
dá mb'fhear cathrach, gorm nó siúil thú,
Polannach, Rómánach, nó Giúdach fiú,
de chine an Phlandóra (más ceadmhach tagairt
    phearsanta)
nó de chine ar bith a ghlanann le fíoruisce a bhfiacla,
fiú ansin chuirfeadh do dhéad cailce as dom;
óir níl amaidí is amaidí ná gáire amadáin.
Ach is Gael thú, is i dtír na bhfíor-Ghael
scuabann gach saoránach a bhfiacla is a ndrandail
    dhearga
le mún na maidine. Sin é teist do gháire:
a ghile do dhéad, is mó múin a shlog tú.

Philip Cummings

Egnatius, quod candidos habet dentes,
renidet usque quaque. si ad rei uentum est
subsellium, cum orator excitat fletum,
renidet ille. si ad pii rogum fili
lugetur, orba cum flet unicum mater,
renidet ille. quidquid est, ubicumque est,
quodcumque agit, renidet. hunc habet morbum
neque elegantem, ut arbitror, neque urbanum.
quare monendum est te mihi, bone Egnati.
si urbanus esses aut Sabinus aut Tiburs
aut parcus Umber aut obesus Etruscus
aut Lanuuinus ater atque dentatus
aut Transpadanus, ut meos quoque attingam,
aut qui libet qui puriter lauit dentes,
tamen renidere usque quaque te nollem;
nam risu inepto res ineptior nulla est.
nunc Celtiber es: Celtiberia in terra,
quod quisque minxit, hoc sibi solet mane
dentem atque russam defricare gingiuam,
ut quo iste uester expolitior dens est,
hoc te amplius bibisse praedicet loti.

This fellow's teeth shine, and he shows them off
at every chance he gets. While the learned friend
apes Bette Davis, he's the juror in the front row
grinning; he's the undertaker's newest mute
who gapes as the Minister comforts the sportsman's
    widow.
What's wrong with him? He'll have to find a cure,
soon, or he'll be back where he belongs, to munch
bacon and cabbage and tea and bread and jam
in some slow town in Offaly or maybe mid-Antrim
where he learned to floss the gums with string, to polish
the teeth with soda, his mother proudly complaining
there isn't a pick left after him to bake the bread.

Eiléan Ní Chuilleanáin

GAIUS VALERIUS CATULLUS XL

Cén mearbhall ort, a Kevin bhoicht, go bhfuil tú
ar mhullach do chinn i measc mo véarsaí?
Cén chúis ar strae de do chuid
a thosóidh troid gan chiall inniu?
An é gur mhaith leat a bheith i mbéal an phobail?
Cad tá uait? Dea- nó míchlú, beag beann ar cé acu?
Beidh clú éigin ort go fóill, ó léirigh tú dímheas ar mo
    ghrá;
go maire tú is go gcaithe tú é.

Philip Cummings

Quaenam te mala mens, miselle Rauide,
agit praecipitem in meos iambos?
quis deus tibi non bene aduocatus
uecordem parat excitare rixam?
an ut peruenias in ora uulgi?
quid uis? qua libet esse notus optas?
eris, quandoquidem meos amores
cum longa uoluisti amare poena.

Poor Ravidus, what badness of mind
drives you headlong into my iambics?
What god, ill-summoned by you,
is ready to stir up a row that is senseless?
Do you want to be known by the mouths of the mob?
What do you want? Notoriety, by whatever means?
Since you have wished to love my lady, you'll get it—
at the risk of a long-lasting punishment.

Hedley McConnell

GAIUS VALERIUS CATULLUS XLI

Seo chugam Ameana, an tseanstriapach spíonta,
gur iarr orm €10 billiún glan in airgead tirim.
Cailleach sin na geince gránna,
gogaille gó bhaincéirí féimhithe Fhódhla.
Sibhse, a gaolta, a bhfuil a cúram oraibh,
cruinnígí airí stáit is comhairleoirí contae.
Níl sí ar a ciall, is ní iarrann sí riamh orm
fírinne an scátháin a nochtadh di.

Philip Cummings

Ameana puella defututa
tota milia me decem poposcit,
ista turpiculo puella naso,
decoctoris amica Formiani.
propinqui, quibus est puella curae,
amicos medicosque conuocate:
non est sana puella, nec rogare
qualis sit solet aes imaginosum.

Ameana, that worn out, ugly whore,
she who is the companion of the Formiaen
    bankrupt,
asked me for a full ten thousand.
Those who are close to and responsible for her,
summon friends and doctors,
for she is not right in her mind.
She will not look to her reflection in bronze
to realise her trilling worth.

Hedley McConnell

GAIUS VALERIUS CATULLUS XLII

Gabh i leith, a bhearsaí aon-siolla-dhéagacha,
a bhfuil ann agaibh, as gach aird, a bhfuil ann agaibh.
Measann an óinseach de mheirdreach seo gur
leathamadán mé, agus deir sí, maran miste leat,
nach dtabharfaidh sí mo chuid nótaí thar n-ais dom.
Seo, leanaimis í is bainimis di iad.

Fiafraíonn tú díom cé hí féin, í sin a chíonn tú ag imeacht,
stiúir uirthi, siúl toice fúithi, pus óinsí uirthi,
a béal ar leathadh mar a bheadh madra ón bhFrainc.
Seasaimis timpeall uirthi is éilímis thar n-ais uaithi iad:
'A mheirdreach shalach, tabhair thar n-ais iad,
tabhair thar n-ais iad, na taibhle, a mheirdreach shalach!'

Ní thógann sí aon cheann? O, mhuise, an striapach,
an phis cois claí agus pé ní is measa na san!
Ach féach, na ceap gur leor é seo,
screadaigí arís in ard bhur ngutha,
'A mheirdreach shalach, tabhair thar n-ais iad,
tabhair thar n-ais na taibhle, a mheirdreach shalach!'

Saothar in aisce, mhuis, is cuma sa diabhal léi.
Caitheann tú cuimhneamh ar chur chuige nó ar sheift eile,
más ag iarraidh toradh atánn tú.
Sea, maran féidir a thuilleadh a dhéanamh, ar a laghad
bainimis lasadh as aghaidh mhímhúinte na bitsí sin:
'A bhé dhil, gheanmnaí, an dtabharfá thar n-ais na taibhle?'

Seán Mac Mathúna

Adeste, hendecasyllabi, quot estis
omnes undique, quotquot estis omnes.
iocum me putat esse moecha turpis
et negat mihi uestra reddituram
pugillaria, si pati potestis.
persequamur eam, et reflagitemus.

quae sit, quaeritis? illa quam uidetis
turpe incedere, mimice ac moleste
ridentem catuli ore Gallicani.
circumsistite eam, et reflagitate:
'moecha putida, redde codicillos,
redde, putida moecha, codicillos.'

non assis facis? o lutum, lupanar,
aut si perditius potes quid esse.
sed non est tamen hoc satis putandum.
conclamate iterum altiore uoce
'moecha putida, redde codicillos,
redde, putida moecha, codicillos.'

sed nil proficimus, nihil mouetur.
mutanda est ratio modusque nobis,
si quid proficere amplius potestis,
quod si non aliud potest, ruborem
ferreo canis exprimamus ore.
'pudica et proba, redde codicillos.'

Come to mind abusive names from every quarter!
The ugly whore thinks I am a fool and will not
return my letters.
Let us pursue her and demand their return!

Who does she think she is, strutting about with a
repulsive sneer
like some Gallic hound?
Surround her, demand them back!
'Vile adulteress, give my letters back!
Give my letters back, vile adulteress!'

She ignores me. She is worse than filthy baggage.
I will continue. Shout louder once more:
'Vile adulteress, give my letters back!
Give my letters back, vile adulteress!'

But this is useless, she remains unmoved.
A change of reasoning is needed.
Something else, let us force a blush from those brazen
cheeks:
'Sweet and honourable lady, give my letters back!'

Hedley McConnell

GAIUS VALERIUS CATULLUS XLIII

Beannaím duitse, a bhean uasail, tusa ná fuil agat
srón dheas néata, nó coisín chórach, nó súile dubha,
nó méara fada, nó béal tirim, nó fiú teanga rí-fhíneálta,
sea tusa máistreás lucht bancbhriste Formiae.
An tusa atá dathúil, mar a deir an cúige linn?
An leatsa a chuirtear Lesbia seo 'gainne i gcomórtas?
Dhera, éist, an aois seo! Chomh mílabhartha san,
chomh mímhúinte!

Seán Mac Mathúna

Salue, nec minimo puella naso
nec bello pede nec nigris ocellis
nec longis digitis nec ore sicco
nec sane nimis elegante lingua,
decoctoris amica Formiani.
ten prouincia narrat esse bellam?
tecum Lesbia nostra comparatur?
o saeclum insapiens et infacetum!

Greetings, young lady, you without a small nose,
pretty feet, black eyes, long fingers nor with dry lips,
nor even with a very cultured tongue.
Companion of the Formiaen bankrupt,
is it said in the province that you are beautiful?
Can you be compared with our Lesbia?
What a tasteless and vulgar age this is!

Hedley McConnell

My hie-çheerey, Sabine er nonney Tiburs,
(son ocsyn ta feeraghey dy nee Tiburs oo,
as nagh nhynney lhieu cur yn olk er Catullus,
agh, adsyn shynney lhieu jannoo shen,
ver ad gioal er dy nee Sabine oo)
agh ny yei shen, ny Sabine oo ny Tiburs oo
smoo cairagh, va mee booiagh dy ve
sy thie-çheerey ayd faggys da'n valley,
as drogh chassaght y scughey veih my chleeau,
hug my yollyssid dou gyn dy neuhoilçhinagh,
as mee shelg jinnairyn costal. Va mee laccal
goaill jinnair marish Sestius, as myr shen lhaih
mee oraid echey noi'n yeearreyder Antius,
lane dy nieu as paitt. Eisht chrie gys meeryn mee
feayraght vibbernee as cassaght chinjagh,
gys er jerrey hea mee hood, as chouyr mee
mee hene liorish litçheraght as broit undaagagh.
Myr shen nish, as mee couyrit, ta mee cur hood
my wooise vooar, er y fa nagh cherree oo my pheccah.
As maghey shoh, my goym greim chioee
er screeuaght eajee Sestius, ta mee cur kied
dy arryltagh dy der y feayraght y toghtan as
cassaghtee, cha nee orryms, agh er Sestius hene,
son cuirrey dou er yn ynrican oyr dy vel mee
er lhaih drogh lioar.

Brian Stowell

O funde noster seu Sabine seu Tiburs nam te esse
Tiburtem autumant quibus non est
cordi Catullum laedere: at quibus cordi est
quovis Sabinum pignore esse contendunt,
sed seu Sabine siue uerius Tiburs,
fui libenter in tua suburbana
uilla malamque pectore expuli tussim,
non immerenti quam mihi meus uenter,
dum sumptuosas appeto, dedit, cenas.
nam, Sestianus dum uolo esse conuiua,
orationem in Antium petitorem
plenam ueneni et pestilentiae legi.
hic me grauedo frigida et frequens tussis
quassauit usque dum in tuum sinum fugi
et me recuraui otioque et urtica.
quare refectus maximas tibi grates
ago, meum quod non es ulta peccatum.
nec deprecor iam, si nefaria scripta
Sesti recepso, quin grauedinem et tussim
non mi, sed ipsi Sestio ferat frigus,
qui tunc uocat me cum malum librum legi.

Oh little farm of mine,
my country seat,
dot of heaven,
a little way from Rome.
Some people say you're Sabine,
some Tiburtine;
Tiburtine is thought better
and that's what bosom pals
say you are.
Those who want to slag me
lay odds you're Sabine.
One way or another
I was pleased to be
in your suburban villa
to clear up a nasty cough.
I must admit myself
I'd got what I deserved.
Greed!
I'd gone a hunting, you see,
for the best dinner in Rome.
That meant eating with Sestius.
So I read a speech of his
opposing Antius the candidate,
brimming with poison and worse.
It was positively pestilential.
It infected me.
A chill that would freeze
the balls off a brass monkey
gripped my bones.
A brutal fit of coughing
racked my lungs
until I fled to your bosom

and got myself back into shape
doing nothing except drinking
bowls of nettle soup.
Now I'm better and say thanks
for overlooking my mistake,
for letting me off the hook,
so to speak. And I swear
that if I ever again pick up
the odious writing of Sestius
the icy chill shall bring
catarrh and retching
not on Catullus but on Sestius,
for inviting me only on condition
I had read his awful book.

Ronan Sheehan

GAIUS VALERIUS CATULLUS XLV

Is éard deir Seiptimias lena ghrá bán Aicmé
agus ise i ngreim barróige aige: 'A Aicmé,
mura bhfuilim splanctha i do dhiaidh agus feasta
mura mbím go síoraí i gcaitheamh na mblianta,
ar nós na coda siúd is díograise grá,
sa Libia nó san India ghrianloiscthe
i m'aonar go gcastar orm leon fíochmhar.'
Á dhearbhú sin dó, ar thaobh na clé ar nós cheana
ar thaobh na deise is ea a shéid an Grá a dhea-mhéin.
A ceann á ligean siar ag Aicmé ar éigean,
súile malla mearaithe a caoifigh dhílis,
pógann sise lena beola craoraga.
'Is ea, a Sheiptimias, a chuid den saol is a stóirín,
go bhfreastalaímid an máistir seo amháin,
ón uair anois gur tréine agus gur fraochta
caor thine go domhain i smior leáite mo chnámh.'
Á dhearbhú sin di ar thaobh na clé ar nós cheana
ar thaobh na deise is ea a shéid an Grá a dhea-mhéin.
Anois éirithe amach de dhroim dea-thuartha
bíonn cuid acu dá chéile le neart-teann grá.
Seiptimias bocht is í Aicmé féin amháin
is fearr leis ná an tSiria ná an Bhreatain féin:
Is Aicmé dhílis i Seiptimias amháin
a aimsíos sí grá agus fíorphléisiúr collaí.
Cé a chonaic riamh daoine ní ba bheannaithe?
Cé a chonaic ariamh grá ní ba rathúla?

Ciarán Ó Coigligh

Acmen Septimius suos amores
tenens in gremio 'mea,' inquit, 'Acme,
ni te perdite amo atque amare porro
omnes sum adsidue paratus annos
quantum qui pote plurimum perire,
solus in Libya Indiaque tosta
caesio ueniam obvius leoni.'
hoc ut dixit, Amor, sinistra ut ante,
dextra sternuit adprobationem.
at Acme leuiter caput reflectens
et dulcis pueri ebrios ocellos
illo purpureo ore sauiata
'sic,' inquit, 'mea uita, Septimille,
huic uni domino usque seruiamus,
ut multo mihi maior acriorque
ignis mollibus ardet in medullis.'
hoc ut dixit, Amor, sinistra ut ante,
dextra sternuit adprobationem.
nunc ab auspicio bono profecti
mutuis animis amant amantur.
unam Septimius misellus Acmen
mauult quam Syrias Britanniasque:
uno in Septimio fidelis Acme
facit delicias libidinesque.
quis ullos homines beatiores
uidit, quis Venerem auspicatiorem?

Heart in heart

Let me be faced with a lion,
rather than lose my love.
I mean the power of my loving long
and lustfully, until I am old.'
So Septimus declares.
'I can love like this,'
Acme's rosy mouth replies,
'and deeper too.'
She bends to taste his tears,
and feels her own emotion
leaching to her marrowbone.
'I mean in India, or Libya,
shorn by the burning sun,'
says Septimus, not to be outdone.
'But for me,' boasts Acme,
'truly the flame licks greater
from within.'

Their master, Love,
heaves heated breaths,
to hear besotted murmurings,
and bestows to each
the omen of a hearty sneeze—
a double climax, so to speak.

'I love you more
than worlds of men,' sighs Septimus.
'And you are all my sustenance,'
his faithful Acme coos

A lucky pair to woo so well
And live forever in Love's thrall

Katie Donovan

GAIUS VALERIUS CATULLUS XLVI

Anois tá leoithní boga an Earraigh ag filleadh,
anois tá fíoch fuar na laethanta riabhaiche
ag géilleadh do shíon séimh na gaoithe iarthaí.
Slán le bánta Phrugia, a Chathail,
is le fód uaibhreach Nícé an bhrothaill.
Triallaimis ar chathracha cailce na hÁise.
Tá mo chuisle ag coipeadh le haiteas taistil
is mo chosa ar luaimnigh le fonn chun bóthair.
Céad slán libh a ghasra grámhar carad
atá gluaiste d'aon uair i gcéin ó bhaile,
a chonair féin ar gach n-aon ag gairm.

Seán Ó Lúing

Iam uer egelidos refert tepores,
iam caeli furor aequinoctialis
iucundis Zephyri silescit auris.
linquantur Phrygii, Catulle, campi
Nicaeaeque ager uber aestuosae:
ad claras Asiae uolemus urbes.
iam mens praetrepidans auet uagari,
iam laeti studio pedes uigescunt.
o dulces comitum ualete coetus,
longe quos simul a domo profectos
diversae uariae uiae reportant.

Spring breezes bring the swallow back
and Zephyr bustles away
the black clouds of March.
Now Catullus knows that Phyrgia
and hot Nicaea are empty,
he wants to take off
for the cities of Asia Minor.
His feet drum the hot ground.
He wants to be gone,
to say goodbye goodbye
even to his dear travelling friends.
Goodbye goodbye.
It is time to go home.

Martina Evans

GAIUS VALERIUS CATULLUS XLVII

A Porcius agus a Socration, dhá lámh chlé
Piso, a chlaimhe agus a ghorta domhanda,
ar thogh an bod adharcach sin sibhse
de rogha ar mo Veranius agus Fabullus dile?
An ag caitheamh mórfhleánna i lár an lae ghil
atá sibh fad is atá mo sheanchairde
ag smúrthacht sna cúlsráideanna i ndiaidh cuiridh?

Celia de Fréine

Porci et Socration, duae sinistrae
Pisonis, scabies famesque mundi,
uos Veraniolo meo et Fabullo
uerpus praeposuit Priapus ille?
uos conuiuia lauta sumptuose
de die facitis? mei sodales
quaerunt in triuio uocationes?

Porcius, Socration: Piso's point-men.
Scab and Scrooge. That old pumped and primed
shirt chaser has picked you as favourites, now,
and not my darlings, Fabullus, Veranius.
Are you all out together, feasting in the sun,
while my comrades in arms have been down
alleys cadging smiles off total strangers?

Luke Sheehan

GAIUS VALERIUS CATULLUS XLVIII

A Juventius, dá ligfí dom leanúint
de phógadh do shúl meala,
phógfainn trí chéad míle uair iad,
ná ní bhraithfinn sásta go deo na ndeor,
fiú dá mbeadh toradh ár bpógtha
níos tibhe ná diasa aibí an arbhair.

Celia de Fréine

Mellitos oculos tuos, Iuuenti,
siquis me sinat usque basiare,
usque ad milia basiem trecenta,
nec unquam uidear satur futurus,
non si densior aridis aristis
sit nostrae seges osculationis.

Honey of your twinned eyes, young one.
If I was allowed I'd go on kissing them,
three hundred thousand times.
I'd never have enough of it, not even
if we found ourselves as full of it
as fields with pouring corn at harvest time.

Luke Sheehan

GAIUS VALERIUS CATULLUS XLIX

A Marcus Tullius, a óráidí is oilte
de shliocht Romulus dá bhfuil ann,
dá raibh ann, is de shliocht a shleachta,
is leatsa a ghabhann Catullus,
an file is measa, buíochas ó chroí,
mar gur mise díogha na bhfilí
sa mhéid gur rogha na n-aighní tusa.

Celia de Fréine

Disertissime Romuli nepotum,
quot sunt quotque fuere, Marce Tulli,
quotque post aliis erunt in annis,
gratias tibi maximas Catullus
agit pessimus omnium poeta,
tanto pessimus omnium poeta
quanto tu optimus omnium patronus.

From out of all of Romulus' line you
are the most compelling speaker, Marcus Tullius,
more so than your predecessors, more
than your pretenders. Your Catullus thanks you
as the worst of poets: he is just as trodden underneath
his crowd as you are master over yours.

Luke Sheehan

GAIUS VALERIUS CATULLUS L

Inné, a Licinius, ba lá dár saol é,
seal le táiplis is cumadh véarsaí:
díreach nó deibhí de réir ár bpléisiúr,
gáire ar bhéala is fíon á éascú,
Ag fágáil do thaobhsa bhíos-sa séidte
Faoi do thráthúlacht réidh is raon do scléipe;
ar chumha níor cheirín an greim im bhéalsa
ach, ag lúbadh is ag casadh ar fud na leapan,
néal níor chodail ar feadh na hoíche;
gur bhánaigh maidin bhí m'iúlsa ortsa:
ach, dá mbeinn i do dháilse ag comhrá aríst!
I mo luí leathmharbh ar bharr an chúiste,
gach ball de mo chré-se tnáite brúite.
rann do rinneas, a chroí is a chuisle,
lem chumha id dhéidhse a chur in iúl duit.
Ar chraiceann do chluaise,
ná diúltaigh dom thabhartas nó
gearrfaidh an Neiméis ort pionós nach beag;
ar ríon mór an dáin olc ná cuirtear!

Tomás Mac Síomóin

Hesterno, Licini, die otiosi
multum lusimus in meis tabellis,
ut conuenerat esse delicatos.
scribens uersiculos uterque nostrum
ludebat numero modo hoc modo illoc,
reddens mutua per iocum atque vinum.
atque illinc abii tuo lepore
incensus, Licini, facetiisque,
ut nec me miserum cibus iuuaret,
nec somnus tegeret quiete ocellos,
sed toto indomitus furore lecto
uersarer cupiens uidere lucem,
ut tecum loquerer simulque ut essem.
at defessa labore membra postquam
semimortua lectulo iacebant,
hoc, iucunde, tibi poema feci,
ex quo perspiceres meum dolorem.
nunc audax caue sis, precesque nostras,
oramus, caue despuas, ocelle,
ne poenas Nemesis reposcat a te.
est uehemens dea: laedere hanc caueto.

Yesterday you and I idled in my library,
a rare delight foreseen.
Our talk would be verse,
its rhythm kindled by wine and laughter,
I left so impassioned by your charms,
that I could not eat nor sleep.

Tossing and turning about my bed,
as I yearned for the dawn,
when I might talk to you,
and be with you again,
so lying half dead, my limbs aching,
longing led me to write this poem for you.

Beware your feist,
do not spit on my vulnerable desire,
or Nemesis shall punish you,
for spoiling our love.

Max McGuinness

Measaim gur geall le dia an fear,
más cóir a ré, gur séanmhaire a chás ná dia
a shuíonn os do choinne ar an uain chéanna
ag breathnú is ag éisteacht.

Do shéis bhinn gáire, dáil lena dtréigeann
mo lúth is m'aithne: mar a thúisce,
a Lesbia, a luíonn mo shúil ort, ní bhíonn
siolla im béal.

Ach crapann mo theanga, tríom ghéaga gluaiseann
lasair chaol, le siansán cinn
clingeann mo chluasa, cumhdaítear mo dhá shúil
le dubh na hoíche.

Sámhaíocht, a Chathail, ní sochar duit;
sámhaíocht do mhian agus do chleachtadh síor,
sámhaíocht a mhill ríthe roimhe seo,
agus cathracha séin.

Seán Ó Lúing

Ille mi par esse deo uidetur,
ille, si fas est, superare diuos
qui sedens aduersus identidem te
   spectat et audit
dulce ridentem, misero quod omnis
eripit sensus mihi: nam simul te,
Lesbia, adspexi, nihil est super mi
   [uocis in ore]
lingua sed torpet, tenuis sub artus
flamma demanat, sonitu suopte
tintinant aures, gemina teguntur
   lumina nocte.
otium, Catulle, tibi molestum est:
otio exsultas nimiumque gestis.
otium et reges prius et beatas
   perdidit urbes.

Beside you
I am a god again and again
and feel supernatural

Not only your sweet sounding laughter
makes me stare in silence, Lesbia

my speech falters
numbness grips the senses
I get hot flushes
my ears buzz to the brink of dizziness
as if I would pass out

Kevin Kiely

GAIUS VALERIUS CATULLUS LII

A Chatullus chaoin, níl cruóg bháis ort,
is tóin Nonius ar an gcathaoir churúlach;
tá práinn ag Vatinius as a ghradam mar chonsal;
cá'il do chruóg bháis, a Chatullus?

Tomás Mac Síomóin

Quid est, Catulle? quid moraris emori?
sella in curuli struma Nonius sedet,
per consulatum perierat Vatinius:
quid est, Catulle? quid moraris emori?

Well now Catullus, why not just drop dead?
That bollocks Nonius has a ministerial car,
and would you look at what we have for Taoiseach—
Vatinius!
Come on, Catullus, why not just drop dead?

John Dillon

GAIUS VALERIUS CATULLUS LIII

Ceist sa gcúirt a chuir mé ag gáire!
Agus a chás in aghaidh Vatinius á phlé
ag mo Chalvus béilbhinn go meabhrach meabhlach;
samhlaigh gur ardaigh cábóg a lámha is
'A mba dhéithe Pharthais', a bhéic gan náire
'a bhronn ar an mainnín seo deis a labhartha?'

Tomás Mac Síomóin

Risi nescio quem modo e corona,
qui, cum mirifice Vatiniana
meus crimina Caluus explicasset,
admirans ait haec manusque tollens
'di magni, salaputium disertum!'

Some wag at the Tribunal recently
put a smile on my face
when our dear Bertie explained,
in his stuttered eloquence,
his complex financial accounts—
raising his hat in awe,
'By Jaysus!' he said, 'There's reasoning for ya!'

Karl O'Neill

GAIUS VALERIUS CATULLUS LIV

A bhobarúin bhéalghránna bhaoith,
go gcuire cúngbhlaosc Otho,
gágaire úd na ndubhchos bréan,
is Libo lofa na dtufóg caol,
is bás-ina-bheo úd an mheigill léith,
Fuficius, is chuile bhodach de do thréad
múisc is masmas ort go héag!
Ach aire dod chroí, a cheannasaí dhil!
Ar léamh duit m'aoirín bhig ná spréach!
(fiú mas duitse amháin do scríobh!)

Tomás Mac Síomóin

Othonis caput oppido est pusillum,
et eri rustica semilauta crura,
subtile et leue peditum Libonis,
si non omnia, displicere uellem
tibi et Fuficio, seni recocto
irascere iterum meis iambis
immerentibus, unice imperator.

A ghost with a tiny grotesque head,
and unbelievable dirt on his hands,
bizarrely farts in the Dáil's back benches,
silent but deadly; and that old lusty eye,
unprecedented, revels in the chaos . . .
Sorry, Taoiseach, but every doggerel in the street
knows there was only ever one CHief!

Karl O'Neill

Muran mhiste leatsa é, b'áil liom spléachadh
ar an gcúinne dorcha ina mbíonn tú i dtaisce!
An párbhoth thriallas, an sorcas, an t-achadh
is teampall beannaithe Athair na nDéithe;
ach, mo lom is mo léan, níl teacht ort aon áit.
Ceisním le dúthracht mná na sráide
i gcolúnáid Phoimpéas, is mé sa tóir ort:
'cár cheil sibh Camerius, a rálach gan náire?'
Is a didí á nochtadh ag ceann de na stróinsí:
'idir mo chíocha' do ráig 'nó thuas clais mo thóna!'
Saothar Earcail sa stábla ba bheag é ar ghuala
an fhuadair ba dhual le teacht i do dháilse.
Más ceilte do dhúilse faoi thromchuing uaibhris
le muinín ionam scaoil chugam gach eolas!
Scaoil faoi mo bhráidse mapa do shiúlta!
Nó an bruinneall chailce a choinníonn iamh ort?
Más cime do theanga i mbéal docht iata
déanfar diomailt ar bhrabach na seirce;
ráiteas briathrach ab áil le Véanas.
Coinnigh glas ar do bheola, más é is toil leat,
ach ligint domsa do ghrá a roinnt leat.

Tomás Mac Síomóin

Oramus, si forte non molestum est,
demonstres ubi sint tuae tenebrae.
te campo quaesiuimus minore,
te in Circo, te in omnibus libellis,
te in templo summi Iouis sacrato.
in Magni simul ambulatione
femellas omnes, amice, prendi,
quas uultu uidi tamen serenas.
a uelte sic ipse flagitabam:
'camerium mihi, pessimae puellae!'
quaedam inquit nudum reduc . . .
'en hic in roseis latet papillis.'
sed te iam ferre Herculi labos est:
tanto ten fastu negas, amice.
dic nobis ubi sis futurus, ede
audacter, committe, crede luci.
nunc te lacteolae tenent puellae?
si linguam clauso tenes in ore,
fructus proicies amoris omnes:
uerbosa gaudet Venus loquella.
uel, si uis, licet obseres palatum,
dum ueri sis particeps amoris.

I don't mean to annoy you, but is there any way of finding out where the hell you're hanging out this weather? The thing is, right, I've been up to my ears lately like a lunatic trying to catch up with you. I've had a snoop around the lesser Campus, the Circus, in every bookshop up and down the town, and even in the church of Jove. I don't know how many women I accosted in Pompey's portico, with my enquiries about you. Most of them responded by giving me a look that would have turned a funeral up a side-road.
'Where the feck have you hidden Catullus from me, ye dozy bitches?' I kept asking them. One of them, with a sort of a quick flash and as quick as a flash said, 'Look, here he is, knocking about between my knockers.'
To be honest I'm like a jaded Hercules without you. You know, even if I were made of brass (like that prison guard on Crete), or if I was a bit like Ladas or yer man with the wingy feet (I think his nickname is Perseus), or suppose I had two bloody white racehorses, like that bollox Rhesus has, or imagine if I became a flying nag myself, I still wouldn't bleedin' catch up with you. You're some man for one man. Even if you sent me, and I know you won't, a pack of eejits with feather feet and an ability to control the wind, I betcha I'd still be as tired as a bucket of face-lifts and ready to fall into the scratcher for some Z's. This search is wrecking my head to be absolutely blunt. What's the fucking story, pal? Why don't you just, for once, make a date and stick by it? Name the place and I'll be there.
Are you shacked up with a couple of mots or what? What bugs me most is that if you never speak up, then

it's all been such a waste. What have we left to share, if you won't say? It's like condemning love with silence! Venus loves it when you describe what turns you on, but if you really don't want to talk, then fair enough; but the quid pro quo is, you have to at least let me share your silence *and* your love. Okay?

Conor Bowman

GAIUS VALERIUS CATULLUS LVI

Cúis gháire chugat, ní mór duit éisteacht!
Samhlaigh, a Chato, an greann san áiféis!
Nár lú é do chion ar Chatullus na héigse
ná méad do gháire faoi dhíth seo na céille!
Ar pheata an leannáin anois beag thárla
ag tarraingt air féin le pis a láimhe;
ar chomhbhuille bhíomar is mise ag gabháil dó.
lem chrua-shlat féinín á lascadh gan náire:
uch! Pléascfaidh mé, a Véanais, a mháthair,
mura dtiocfair ar an mball le mé a thárrtháil.

Tomás Mac Síomóin

Orem ridiculam, Cato, et iocosam
dignamque auribus et tuo cachinno.
ride, quidquid amas, Cato, Catullum:
res est ridicula et nimis iocosa.
deprendi modo pupulum puellae
trusantem: hunc ego, si placet Dionae,
pro telo rigida mea cecidi.

Hey, Cato, wait till you hear this, it's the funniest thing ever. Have a laugh, even though you love Catullus. This is fucking bananas, Cato. I caught the quare fella having a bit of a wand wave and so I gave him a prod (in tandem) with my own 'baton'. Venus envy I suppose. Be still my beating off!

Conor Bowman

GAIUS VALERIUS CATULLUS LVII

Is deas an feic an bheirt acu,
Mamurra adharcach agus a chomhbhádóir Caesar.
Ní hiontas ar bith é: tá an galra céanna tolgtha acu;
thóg duine acu é sa gcathair agus an duine eile ina áit
    dhúchais, Formia.
D'fhág sé a lorg go domhain ar an mbeirt acu:
ní ghlanfar an lofaois amach astu,
saoithíní liteartha, cúpla truaillithe,
comrádaithe ar an leaba-tholg céanna,
duine acu chomh dúlaí leis an duine eile
sa drúisiúlacht, comhshuirígh na n-ógbhan:
Is deas an feic an bheirt acu.

Seán Ó Curraoin

Pulchre conuenit improbis cinaedis,
Mamurrae pathicoque Caesarique.
nec mirum: maculae pares utrisque,
urbana altera et illa Formiana,
impressae resident nec eluentur:
morbosi pariter gemelli utrique,
uno in lecticulo erudituli ambo,
non hic quam ille magis uorax adulter,
riuales socii puellularum:
pulchre conuenit improbis cinaedis.

Make way for those repulsive wasters—
Government and Banks—(and are we
    surprised?)
one from the city, the other the bog,
inseparable, like a double-backed monster,
locked in each other's greedy guts,
investing, infesting,
rolling over, and over,
heads up their assets and tongues in their cheeks,
soiling their spreadsheets together—
make way for those repulsive wasters.

Karl O'Neill

GAIUS VALERIUS CATULLUS LVIII

Caelius, ár Leispia, an Leispia sin
thar aon duine eile ar ghráigh Catullus
níos mó ná é féin agus ar bhain leis,
anois tá sí ag fálróid ar na crosbhóithre
agus ar na caolshráideanna,
ag baint a díocais as clann Réamais mhóir.

Seán Ó Curraoin

Caeli, Lesbia nostra, Lesbia illa,
illa Lesbia, quam Catullus unam
plus quam se atque suos amauit omnes,
nunc in quadriuiis et angiportis
glubit magnanimi Remi nepotes.

O Caelius, my Lesbia—that Lesbia,
Lesbia whom alone was loved by Catullus
more than himself and all that he had—
now at the crossroads and in the alleyways
robs the high-minded offspring of Remus.

Michael Hartnett

GAIUS VALERIUS CATULLUS LVIIIB

Dá mbeinn teilgthe i bprás nós bhairdéir Chréite,
nó le heití ar chosa nós Pherseus na scéal,
nó im Phegasus eitleach ar fuaidreamh sna spéartha,
im lúth-eachra Rhesus, chomh bán leis an sneachta:
athruithe ar leor iad le m'éileamh a shásamh?
Ach laochra neimhe a chur leis an mbuíon seo:
déithe eiteogach cleiteach tréitheach
is éascaithe ina dteannta luas na gaoithe,
is do shratharsa féinín anuas ar an iomlán
a nascfaí 'na dhéidh sin le huaillmhian an éigis?
Fós bheinn tnáite tréithlag is baolach
is mé tite i bhfanntais ag déine na tóra seo!

Tomás Mac Síomóin

Non custos si fingar ille Cretum,
non si Pegaseo ferar uolatu,
non Ladas ego pinnipesue Perseus,
non Rhesi niveae citaeque bigae:
adde huc plumipedes uolatilesque,
uentorumque simul require cursum,
quos uinctos, Cameri, mihi dicares:
defessus tamen omnibus medullis
et multis langoribus peresus
essem te mihi, amice, quaeritando.

Not even if I were guard of Crete
nor lifted up by Pegasus
nor Ladas nor Perseus with winged-feet
nor the snowy racing team of Rhesus:
give me feathered feet so I can fly
find the force of the winds,
which you, Camerius, could bend my way:
I would still be exhausted
to the core of my being
and eaten up by the frustration
of trying to seek you out, my friend.

Ronan Sheehan

GAIUS VALERIUS CATULLUS LIX

Rufa ón mBolóin, bean chéile Menenius,
baineann sí a díocas as Rúfus.
Feiceann sibh go minic í sin i reiligí
ag sciobadh an bhia den bhreocharn,
agus nuair a shíneann sí a láimh le greim a fháil
ar an arán atá ag rolladh anuas as an tine,
tugann an sclábhaí leathbhearrtha
a dhónn na coirp bualadh di.

Seán Ó Curraoin

Bononiensis Rufa Rufulum fellat,
uxor Meneni, saepe quam in sepulcretis
uidistis ipso rapere de rogo cenam,
cum deuolutum ex igne prosequens panem
ab semiraso tunderetur ustore.

Rufa, wife of Menenus,
fellates Rufulus.
You often saw her in the graveyard
snatching food from the pyre,
being beaten by an unshaven undertaker
when reaching for a loaf
which had fallen out of the fire.

Ronan Sheehan

GAIUS VALERIUS CATULLUS LX

An leon baineann ar shléibhte Libia
nó Sciolla ag tafann óna broinn aníos a rug thú,
tusa atá chomh cruachroíoch danarta sin is nach bhfuil agat
ar ghuth d'achainígh maidir leis an míthapa is deireanaí
a bhain dó ach dímheas? Ó, a dhuine sin le croí cloiche!

Seán Ó Curraoin

Num te leaena montibus Libystinis
aut Scylla latrans infima inguinum parte
tam mente dura procreauit ac taetra,
ut supplicis uocem in nouissimo casu
contemptam haberes, ah nimis fero corde?

Was it a lioness from the mountains of Libya
or a barking Scylla whose womb gave you birth?
You are so hateful, so hard-hearted;
you hold in contempt the voice of a supplicant in
extremity.
Ah, too cruel-hearted!

Michael Hartnett

GAIUS VALERIUS CATULLUS LXI

Amhrán Bainise

A Mhic Urania, a ghnáthaíonn Cnoc Helicon,
a scuabann an mhaighdean mhín i dtreo a páirtí,
ár moladh chugat, a Hymen Hymenaeus:
A Dhia an Phósta, éist linn.

Ceangail an máirtín fiáin is a phósae cumhra
timpeall ar d'éadan, téir fé chaille na brídeoige,
rinc i leith anso go lúcháireach,
an bhróg bhuí ar do chois chomh bán le bainne.

Is tú ag dúiseacht an mhaidin mheidhreach so,
abair na hamhráin phósta,
gread bonn do choise ar an gcré,
led lámh croith an tóirse giúise.

Inniu tá Junia is Manlius chun pósadh,
le cead an bhreithimh Fhrigigh;
Junia chomh hálainn le Véineas, ó Idalium ó dhúchas,
bruinneall mhaith an dea-luain,

cosúil le miortal na hÁise
ag lonrú ar chraobhacha fé bhláth
cothaithe le taise an drúchta
mar ábhar spraoi ag bandéithe Hamaidriaide.

Tar, tar i leith. Bíodh fuadar fút
is fág uaimheanna Aonia ar charraig Thespia
ar a gcroitheann an bhé Aganippe
cith fhionnuar ó na hairde.

C ollis o Heliconii
cultor, Vraniae genus,
qui rapis teneram ad uirum
virginem, o Hymenaee Hymen,
o Hymen Hymenaee,

cinge tempora floribus
suaue olentis amaraci,
flammeum cape, laetus huc,
huc ueni niueo gerens
luteum pede soccum,

excitusque hilari die
nuptialia concinens
uoce carmina tinnula
pelle humum pedibus, manu
pineam quate taedam.

namque Iunia Manilo,
qualis Idalium colens
uenit ad Phrygium Venus
iudicem, bona cum bona
nubet alite uirgo,

floridis uelut enitens
myrtus Asia ramulis,
quos hamadryades deae
ludicrum sibi rosido
nutriunt umore.

The marriage of music

O h haunter of the Heliconian mount
give of your blessing that we may count
ourselves amongst the lucky few
and for this day anoint with dew
our brows.

Let us call you, that we may sing
these nuptial songs, with hope you'll bring
the wedding veil and shake the torch,
and we will merrily debauch
this eve.

Come goddesses of the Hamadryad springs
step forward now, unfurl your wings
and see this myrtle wine she sips,
so he may worship at those virgin dewdrop lips
so sweet.

Call to her home the lady of the house
into her heart bind marriage vows
as here and there the ivy clasps
the tree. And hear the nervous and excited gasps
of virgins, wedded soon to be.

What god is more worthy then than thee,
to invoked by entwined anointed lovers be?
For you alone hibiscus trumpets blow
and maidens loose their garments so
expectantly.

Glaoigh isteach uirthi, bean mhúinte a' tí seo
a bhfuil dúil aici luí lena céile nua. Abair léi
ligint don ghrá sníomh timpeall a croí
mar eidhneán a chasann is a ghreamaíonn timpeall
    crainn.

A Mhaighdeana nár phós fós, beidh bhur lá agaibh.
Im theannta go fileata anois
mol go haer Hymen Hymenaeus:
A Dhia an Phósta, éist linn.

Is an glaoch cloiste ag an dia so,
d'fhonn a dhualgas a chomhlíonadh
tiocfaidh sé i leith mar fhógróir Véinis cheansa,
ag déanamh cleamhnais an fhíorghrá.

Cén dia eile gur córa impí air? Cé eile ar neamh
a thuillfeadh adhradh an té atá cráite ag an ngrá.
Mol go haer Hymen Hymenaeus:
A Dhia an Phósta, éist linn.

Is ortsa a ghuíonn an seanóir ar son a shleachta.
Rinceann na bruinnealla ina ngúnaí mealltacha
fé do thoil. Cuireann an fear dálta
cluas air fhéin ag fanacht go sceitimíneach led ghlaoch.

Tú féin a sheolann an bhanógh fé bhláth
as baclainn a máthar i dtreo an óglaigh dhúilmhir.
Mol go haer Hymen Hymenaeus:
A Dhia an Phósta, éist linn.

Gan tusa sa chluiche, ní féidir Véineas a shásamh
fiú is comhlíonadh tuillte ag a dea-cháil;

quare age huc aditum ferens
perge linquere Thespiae
rupis Aonios specus,
nympha quos super irrigat
frigerans Aganippe,

ac domum dominam uoca
coniugis cupidam noui,
mentem amore reuinciens
ut tenax hedera huc et huc
arborem implicat errans.

uosque item simul, integrae
uirgines, quibus advenit
par dies, agite in modum
dicite: 'o Hymenaee Hymen,
o Hymen Hymenaee.'

ut libentius, audiens
se citarier ad suum
munus, huc aditum ferat
dux bonae Veneris, boni
coniugator amoris.

quis deus magis anxiis
est petendus amantibus?
quem colent homines magis
caelitum? o Hymenaee Hymen,
o Hymen Hymenaee.

te suis tremulus parens
inuocat, tibi uirgines

Oh Hymaneus Hymen, it is only you
above whom the winged doves do coo
and who, aged fathers on bended knees
bow down before, your will to please
exultantly.

Neither the fiery youths nor benymphed hollyhock
nor mermaid on her sea-hymned rock
ever forgets the voice before the song.
Amongst no less than these your praise belongs
therefore.

Throw open now the fastenings of the door.
The bride is coming—see her eyes are raw
with tears she has not yet spent.
See hesitant foot and heavy head lament
her loss.

Come forth O lady golden bride.
Do not your supine beauty hide
with peaches ripened falling and with hallowed smile
it is no more the time for nymphish guile
or jest.

Sweet maid do not fear your husband's stance.
You will not find him clothes askance
ensconced in fancies or in shameful ways;
those he strummed in boyish days
now shed.

Now raise aloft the torches boys
and see the veiled bride in all her joys.

The Poems of Catullus 61 continued

i gcomhcheangal leat is féidir an svae a bheith léi.
Cén dia go mbeadh an misneach aige dul in iomaíocht
    leat?

Ní fhásann aon treibh in aon tigh gan d'idirghabháil,
ní féidir le seanlánúin dul i muinín sleachta lena gcothú,
ach led dhea-thoil tagann nach aon ní slán.
Cén dia go mbeadh an misneach aige dul in iomaíocht
    leat?

An pobal 'tá ag impí ort cur fút ina gceantar
led thréithe gan chuimse, conas a sholáthrófaí
lucht cosanta dá dteorainn gan lámh chúnta uait?
Cén dia go mbeadh an misneach aige dul in iomaíocht
    leat?

Bain gach bac is bolta don doras is caith ar leathadh an
    bháin é.
Tá an bhrídeach ag teacht. Féach na tóirsí ar crith,
an loinnir ar na trilseáin,

. . . . . .

. . . . . .

í ag moilliú go cúthaileach.
Tá cumha tagtha uirthi,
dochma roim imeacht.

Éirigh as an ngol. Ní baol duitse a Phlúr na mBan,
go dtiocfaidh bruinneall níos áille inniu ná tusa
ná go gcífidh sí an lá niamhrach so
is í ag seoladh isteach ón sáile.

---

zonula soluunt sinus,
te timens cupida nouus

captat aure maritus.
tu fero iuueni in manus
floridam ipse puellulam
dedis a gremio suae
matris, o Hymenaee Hymen,
o Hymen Hymenaee.

nil potest sine te Venus
fama quod bona comprobet
commodi capere: at potest
te uolente. quis huic deo
compar[arier a]usit?

nulla quit sine te domus
liberos dare, nec parens
stirpe nitier: at potest
te uolente. quis huic deo
compar[arier a]usit?

quae tuis careat sacris
non queat dare praesides
terra finibus: at queat
te uolente. quis huic deo
compar[arier a]usit?

claustra pandite ianuae,
uirgo adest. uiden ut faces
splendidas quatiunt comas?

. . . . . .

. . . . . .

Go on now youths sing in measure
for the god of weddings' pleasure.

To the gallant bridegroom sing again
of that from which he must abstain.
Conjure peacocks with their teasing tails
and sirens who could still the sails
of any ship.

Now is the time to open up your heart.
To let the damask roses start
to fill your dreams. Your souls converge
so heady day and perfumed night may merge
as one.

Softly now and on feather tipped toe
we must creep away. Ought we not to go
and leave these lovers, secreting scents
as glorious love the gods dispense
eternal.

Lydia Sasse

I ngairdín galánta duine ghustalaigh
seasann magairlín meidhreach. Stadann tú.
Ach tá an lá ag sleamhnú tharat—
Tar i leith, a bhrídeog, tar i leith.

Tar, a bhrídeog, is éist linn led thoil.
An gcíonn tú iad? Na tóirsí ar crith,
an loinnir ar na trilseáin fhionn-óir—
Tar i leith, a bhrídeog, tar i leith.

Ní mheallfar do chéile ód ucht séimh,
cé gur tharraing sé náire air fhéin
lena dhúil sa scléip is sa charbhas,
é ina shuiríoch mallaithe i mbáire baoise.

Mar a fhilleann an fhíniúin timpeall crainn ina chóngar,
filleann do lámha timpeall ar d'fhear.
Ach tá an lá ag sciorradh tharat—
Tar i leith, a bhrídeog, tar i leith.

A leaba na bainise, do chách
. . . . . .
ag cos geal an toilg.

An loinn atá i ndán do do shonuachar!
Lúcháir na hoíche reatha, lúcháir lom an lae!
Ach tá an lá ag scinneadh tharat—
Tar i leith, a bhrídeog, tar i leith.

Tógaíg in airde na tóirsí, a gharsúna.
Tá an bhrídeog fé chaille chugainn láithreach.
Mol go haer Hymen Hymenaeus:

. . . . . .
. . . . . .
tardet ingenuus pudor:
quem tamen magis audiens
flet quod ire necesse est.

flere desine. non tibi, Au-
runculeia, periculum est
ne qua femina pulchrior
clarum ab Oceano diem
uiderit uenientem.

talis in uario solet
diuitis domini hortulo
stare flos hyacinthinus.
sed moraris, abit dies:
prodeas, noua nupta.

prodeas, noua nupta, si
iam uidetur, et audias
nostra uerba. uide ut faces
aureas quatiunt comas:
prodeas, noua nupta.

non tuus leuis in mala
deditus uir adultera
probra turpia persequens
a tuis teneris uolet
secubare papillis,

lenta qui uelut adsitas
uitis implicat arbores,

A Dhia an Phósta, éist linn.

Ná lig don magadh ná don spraoi Fescennina
dul in éag. Lig don daor óg is gile leat
cnóite a roinnt ar na cumhala, fad a scaipeann
an scéal gur thréig an tiarna a leannán geal.

'Tabhair cnóite dom lucht luí uile, a rún.
Do rogha cnóite cheana agat! Do phort seinnte!
Caithfidh tú dul in aimsir le Talassius.
Roinn na cnóite, a leannáin aimsire.'

Ar maidin gearrann an bearbóir d'fhéasóg leicinn—
'Abh!' —is do phort athraithe agat ó inné,
uair a dheinis neamhshuim de mhná pósta an cheantair.
'Abh! Roinn na cnóite, a leannáin ainnis.'

Deirtear nach bhfuil uait ach macnas an tsaoil?
Ach seachain an ragairne, a bhuachaill.
Mol go haer Hymen Hymenaeus:
A Dhia an Phósta, éist linn.

Níor dheinis faic as an tslí, níor bhrisis aon dlí,
ach tá ceangal na gcúig gcaol an fhir phósta ort!
Mol go haer Hymen Hymenaeus:
A Dhia an Phósta, éist linn.

A bhrídeog, dein réir do chéile
ar eagla go ngéillfeadh sé do thathant thar falla.
Mol go haer Hymen Hymenaeus:
A Dhia an Phósta, éist linn.

implicabitur in tuum
complexum. Sed abit dies:
prodeas, noua nupta.

o cubile quod omnibus
. . . . . .
. . . . . .
. . . . . .
candido pede lecti,

quae tuo ueniunt ero,
quanta gaudia, quac uaga
nocte, quae medio die
gaudeat! sed abit dies:
Prodeas, noua nupta.

tollite, o pueri, faces:
flammeum uideo uenire.
ite, concinite in modum
'o Hymen Hymenaee io,
o Hymen Hymenaee.'

ne diu taceat procax
fescennina iocatio,
nec nuces pueris neget
desertum domini audiens
concubinus amorem.

da nuces pueris, iners
concubine: satis diu
lusisti nucibus: libet
iam seruire Talasio.

Tabhair fé ndeara maoin agus rachmas a dhúin
is bí sásta mar bhean a' tí dod chumann.
Mol go haer Hymen Hymenaeus:
A Dhia an Phósta, éist linn.

Lean leat ag claonadh go humhal in aontas leis
go dtí go bhfuilir cromtha creathach le haois.
Mol go haer Hymen Hymenaeus:
A Dhia an Phósta, éist linn.

Téir thar tairseach, tríd an doras snasta,
do chosa órga ardaithe agat mar dhea-mhana.
Mol go haer Hymen Hymenaeus:
A Dhia an Phósta, éist linn.

Féach do chumann istigh, luite ar an dtolg corcra
ag tnúth leat go dúilmhear.
Mol go haer Hymen Hymenaeus:
A Dhia an Phósta, éist linn.

I lár a chroí lonraíonn splanc an ghrá
ar aon dul leis an splanc ionat féinig.
Mol go haer Hymen Hymenaeus:
A Dhia an Phósta, éist linn.

A gharsúin, scaoil le lámh bhog an chailín bháin.
Tá sé in am di luí lena céile.
Mol go haer Hymen Hymenaeus:
A Dhia an Phósta, éist linn.

Sibhse, a mhátrúna macánta, pósta le fada an lá,
réitigh an mhaighdean mhín ina hionad nua.
Mol go haer Hymen Hymenaeus:

concubine, nuces da.

sordebant tibi uilicae,
concubine, hodie atque heri:
nunc tuum cinerarius
tondet os. miser ah miser
concubine, nuces da.

diceris male te a tuis
unguentate glabris marite
abstinere: sed abstine.
Io Hymen Hymenaee io,
io Hymen Hymenaee.

scimus haec tibi quae licent
sola cognita: sed marito
ista non eadem licent.
o Hymen Hymenaee io,
o Hymen Hymenaee.

nupta, tu quoque quae tuus
uir petet caue ne neges,
ne petitum aliunde eat.
o Hymen Hymenaee io,
o Hymen Hymenaee.

en tibi domus ut potens
et beata uiri tui:
quae tibi sine seruiat
o Hymen Hymenaee io,
o Hymen Hymenaee

A Dhia an Phósta, éist linn.

Tar anois, a fhir nuaphósta,
is d'ainnir feistithe sa tseomra cúl
ag taitneamh cosúil le bláth úr,
nóinín bán nó poipín buí.

Gan dabht, tá d'fhéithe féin agat, a thiarna,
is ní dheineann Véineas neamhní díobh.
Ach tá an lá ag glinneáil leis—
Bailigh leat gan mhoill.

Féach. Tháinis láithreach bonn.
Cabhair Véinis cheansa chugat!
Caint dhíreach athá agat!
Tá do mhiangas soiléir agus macánta.

Dá gcomhaireofá na gráinní gainimhe
ó ghaineamhlach na hAfraice
nó gach réalt sa spéir
ní bheadh fós agat méid do lúcháire anocht.

Bíodh oíche seoigh agat agus muirear mar thoradh.
Ní mór duit cur led shliocht agus led shinsear
mar is fada siar a théann siad
is is fada romhainn a leanfaidh do chine.

Ba bhreá liom Torquatus Óg a fheiscint,
a lámha á síneadh aige ó bhaclainn a mhaime,
is a bheola súmhara ar faonoscailt
i miongháire meallta a athar.

usque dum tremulum mouens
cana tempus anilitas
omnia omnibus adnuit.
o Hymen Hymenaee io,
o Hymen Hymenaee.

transfer omine cum bono
limen aureolos pedes,
rasilemque subi forem.
o Hymen Hymenaee io,
o Hymen Hymenaee.

adspice unus ut accubans
uir tuus Tyrio in toro
totus immineat tibi.
o Hymen Hymenaee io,
o Hymen Hymenaee.

illi non minus ac tibi
pectore uritur intimo
flamma, sed penite magis
o Hymen Hymenaee io,
o Hymen Hymenaee.

mitte bracchiolum teres,
praetextate, puellulae:
iam cubile adeat uiri.
o Hymen Hymenaee io,
o Hymen Hymenaee.

o bonae senibus uiris

Go raibh dealramh aige le Manlius,
go n-aithnítear in aon áit mar a mhac é
fiú má thá cosúlacht aige le Julia a mháthair,
a gnúis gheal aige, a gnúis gan smál.

Mar a dh'ól Telemachus mac Penelope
urraim thar cuimse ó chíoch a mháthar uaisle,
go ndearbhaí an t-ardmheas atá ag dul do Junia,
an mháthair gheanmnaí, ginealach bhur mic.

Iaigh na dóirse. Tá an seó thart dúinne.
Bígí ag bláthú le díograis.
Mol go haer buanbhrí bhur n-óige
is go maire lúcháir bhur bpósta go deo.
                    Ceaití ní Bheildiúin

cognitae bene feminae,
conlocate puellulam.
o Hymen Hymenaee io,
o Hymen Hymenaee.

iam licet uenias, marite:
uxor in thalamo tibi est
ore floridulo nitens
alba parthenice uelut
luteumue papauer.

at, marite, ita me iuuent
caelites, nihilo minus
pulcher es, neque te Venus
neglegit. sed abit dies:
perge, ne remorare.

non diu remoratus es,
iam uenis. bona te Venus
iuuerit, quoniam palam
quod cupis cupis et bonum
non abscondis amorem.

ille pulueris Africi
siderumque micantium
subducat numerum prius,
qui uestri numerare uolt
multa milia ludi.

ludite ut libet, et breui
liberos date. non decet
tam uetus sine liberis

nomen esse, sed indidem
semper ingenerari.
Torquatus uolo paruulus
matris e gremio suae
porrigens teneras manus
dulce rideat ad patrem
semihiante labello.

sit suo similis patri
Manlio et facile insciis
noscitetur ab omnibus
et pudicitiam suae
matris indicet ore.

talis illius a bona
matre laus genus adprobet
qualis unica ab optima
matre Telemacho manet
fama Penelopeo.

claudite ostia, uirgines:
lusimus satis. at, boni
coniuges, bene uiuite et
munere adsiduo ualentem
exercete iuuentam.

Iomarbhá na nÓgánach
Ógfhir

Anois teacht na hoíche
is Bheispear ag soilsiú
faoi dheireadh, sna flaithis,
a fheara, éirígí.
Fágaigí feasta an féasta, tá brídeog
ag teacht in bhur láthair,
is canfar gan mhoill:
 A Himéin, a Himinéas ó,
  fáilte a Himinéas ó

Ógmhná
Hóra a chailíní!
Féach na fir óga!
—Tá an réalta ar lasadh
le fiúir Shliabh Oeta—
Éirígí láithreach
is téigí 'na gcoinne.
Tá stiúir éigin fúthu.
Nach lúthmhar a léim?
Nuair a chasfaidh siad amhrán
is fiú dul in iomaí leo,
ach go mbeadh an barr bua,
gan dabht, againn féin
 A Hímen tooraloo
  is a Hímen tooraladdie ó

Ógfhir
Ní bua gan dua
tá dlite dúinn a chairde,
is fada na mná óga seo
ag dian foghlaim léinn.
Tá rath ar a ndúthracht,

Iuvenes

Vesper adest: iuuenes, consurgite: uesper Olympo
exspectata diu uix tandem lumina tollit.
surgere iam tempus, iam pinguis linquere mensas;
iam ueniet uirgo, iam dicetur hymenaeus.
Hymen O Hymenaee, Hymen ades O Hymenaee!

Puellae
cernitis, innuptae, iuuenes? consurgite contra:
nimirum Oetaeos ostendit Noctifer ignes.
sic certe est: uiden ut perniciter exsiluere?
non temere exsiluere; canent quod uincere par est.
Hymen O Hymenaee, Hymen ades O Hymenaee!

Iuvenes
non facilis nobis, aequales, palma parata est:
adspicite, innuptae secum ut meditata requirunt.
non frustra meditantur; habent memorabile quod sit.
nec mirum, penitus quae tota mente laborant.
nos alio mentes, alio diuisimus aures,
iure igitur uincemur; amat uictoria curam.
quare nunc animos saltem conuertite uestros:
dicere iam incipient, iam respondere decebit.
Hymen o Hymenaee, Hymen ades o Hymenaee!

Puellae
Hespere, qui caelo fertur crudelior ignis?
qui natam possis complexu auellere matris,
complexu matris retinentem auellere natam
et iuueni ardenti castam donare puellam.
quid faciunt hostes capta crudelius urbe?
Hymen o Hymenaee, Hymen ades o Hymenaee!

Young men

Vesper is here. Young men, arise. Evening on Mount
Olympus raises at last the light for which you have
waited for so long. It is time to get up, to leave the table.
The bride is coming. It is time to sing Hymen's song.
Hymen o Hymenaee, Hymen come o Hymenaee

Girls
Do you see the boys? Rise to them, rise up to meet
them! Noctifer, the star of night, shows his Oetaean
flames. That's for sure. Do you see how quickly they
have come out? They aren't doing that just to pass the
time. They will sing something; something which it is
worthwhile to surpass.
Hymen o Hymenaee, Hymen come o Hymenaee

Young men
There are no easy pickings here for us. Do you see how
the girls rehearse what they've learnt? They are not
doing that for nothing! They have got something there
which is worth the effort. And it is no wonder. Their
whole mind is involved with it, while our attention is
elsewhere. We're distracted. They are going to get the
better of us and they are entitled to. Success comes to
he or she who works for it. So turn your attention to the
task at hand. Soon they will speak and then we should
reply.
Hymen o Hymenaee, Hymen come o Hymenaee

Girls
Is there a more cruel fire than yours, Hesperus, moving
in the heavens? You drag the daughter from her
mother's arms, you tear her from that warm embrace,
you take an innocent girl from her mother and hand her

ní nach ionadh, a chairde,
níl aon chúram orthu
ach a bheith ag staidéir.
Bíonn dualgaisí eile
ina luí ar fhir óga
a n-aird is a n-aire
saobhtha ón gceol.
Tá sé ráite go minic
gur den chúram an bua,
is is baolach, dá réir sin,
go dtitfimid leo.
Mar sin is dá bhrí sin
déantar tréaniarracht,
is nuair a chanfaidh na béithe
freagraítear dóibh.

    Himinéas agus rl.

Ógmhná

A Heispéireas tá nimh ort
thar a gcasann de réalta.
'S tú a stróiceann an iníon
as baclainn a máthar.
As greim daingean a máthar
réabann tú an iníon
is tugann tú i seilbh í
d'ainteasach óg.
Gníomh é nach sárófaí,
ar chruálacht, ar éigin,
is cathair iar léigear
á lot ag a naimhde.

    A Heispéireas, agus rl.

Ógfhir

A Heispéireas, is gile linn

Iuvenes

Hespere, qui caelo lucet iucundior ignis?
qui desponsa tua firmes conubia flammma,
quae pepigere uiri, pepigerunt ante parentes,
nec iunxere prius quam se tuus extulit ardor.
quid datur a diuis felici optatius hora?
Hymen o Hymenaee, Hymen ades o Hymenaee!

Puellae

Hesperus e nobis, aequales, abstulit unam

. . . . . .

. . . . . .

. . . . . .

. . . . . .

Iuvenes

. . . . . .

namque tuo aduentu uigilat custodia semper.
nocte latent fures, quos idem saepe reuertens,
Hespere, mutato comprendis nomine eosdem.
at libet innuptis ficto te carpere questu.
quid tum, si carpunt tacita quem mente requirunt?
Hymen o Hymenaee, Hymen ades o Hymenaee!

Puellae

ut flos in saeptis secretus nascitur hortis,
ignotus pecori, nullo conuolsus aratro,
quem mulcent aurae, firmat sol, educat imber,
multi illum pueri, multae optauere puellae;
idem cum tenui carptus defloruit ungui,
nulli illum pueri, nullae optauere puellae:
sic uirgo, dum intacta manet, dum cara suis est;

to the youth who is hot with desire. Tell me something worse than this done by an army which sacks a city.
Hymen o Hymenaee, Hymen come o Hymenaee

Young men

No warmer fire than yours, Hesperus, burns in the sky. Your flame binds the promise of marriage made before by husbands and parents, a promise which cannot be fulfilled without your heat. The gods give nothing better than this moment.
Hymen o Hymenaee, Hymen come o Hymenaee

Girls

Hesperus has gone off with one of us.
(When he comes he is a danger to us all.)
Hymen o Hymenaee, Hymen come o Hymenaee

Youths

Hesperus, they are giving out about you now. And none of it is true. The sentry is not asleep when you come. At night the thieves hide, whom you catch out when you return, with your name changed to Eoos, Dawn, but still the same Hesperus. The girls love to give out to you with made-up stories. What of it if they tease the man whom, deep down, they secretly love?
Hymen o Hymenaee, Hymen come o Hymenaee

Girls

As a flower grows (in a secret garden unknown to the cattle and turned by no plough), the winds caress it, the sun strengthens it, the rain nurtures it; now it opens and offers a sweet scent. Many young people, boys and girls, long for it. When the blossom fades, no-one is interested in it, neither boy nor girl. That's how it is for girls. A virgin is beloved of her own family and her

ná tinte na spéire
do lasair a dhearbhaíonn
cead súsa is spraoi
dóibhsean a chuaigh i mbannaí
ar maidin ach a fhanann, led éirí,
a Heispéireas, chun luí.
Togha is rogha
de bhuanna na nDéithe
an uain seo,
  a Himinéas......a H....

Ógmhná
Sciob Heispéireas duine dínn chun siúil ...

Ógfhir
Biadán na mban, a Heispéireas.
Bíonn garda
ar dualgas riamh romhatsa
is tú ag éirí.
Istoíche téann gadaithe i bhfolach
faoi choim is
scoitheann tú ar maidin iad
's tú ag filleadh ar do shlí (id Eolus).
Ní gá gur i ndáiríre tá an bhean
bhíonn dod spídiú
nó faoi cheileatram bréag
tá sí miangasach fós,
nó is mian léi os íseal
an té a dhiúltaíonn sí,
  A Hímen....

Ógmhná
An cailín com singil,
ionglais-theann, thirim,
is í is ionmhaine riamh leis an dream aici féin.

cum castum amisit polluto corpore florem,
nec pueris iucunda manet nec cara puellis.
Hymen o Hymenaee, Hymen ades o Hymenaee.

Iuvenes
ut uidua in nudo uitis quac nascitur aruo
nunquam se extollit, nunquam mitem educat unam,
sed tenerum prono deflectens pondere corpus
iam iam contingit summum radice flagellum,
hanc nulli agricolae, nulli accoluere iuuenci;
at si forte eadem est ulmo coniuncta marito,
multi illam agricolae, multi accoluere iuuenci:
sic uirgo, dum intacta manet, dum inculta senescit;
cum par conubium maturo tempore adepta est,
cara uiro magis et minus est inuisa parenti.
et tu ne pugna cum tali coniuge, uirgo.
non aequum est pugnare, pater cui tradidit ipse,
ipse pater cum matre, quibus parere necesse est.
uirginitas non tota tua est, ex parte parentum est:
tertia pars patri, pars est data tertia matri,
tertia sola tua est. noli pugnare duobus,
qui genero sua iura simul cum dote dederunt.
Hymen o Hymenaee, Hymen ades o Hymenaee!

friends. When she is deflowered, when her rose is gone, when the purity of her body is stained, neither boys nor girls care for her anymore.
Hymen o Hymenaee, Hymen come o Hymenaee

Young men
A bachelor vine growing in a bare field never lifts itself up, never produces a soft grape, but turns its pliant body downwards with its own weight and touches the root with its top shoot. No farmer, no ox looks after it. If it is joined in marriage to the elmtree, both ox and farmer watch out for it. Indeed, many of them do that. But a spinster woman grows old with no-one paying attention to her. If a woman marries when she is ripe, when she is ripe and ready for it, she is a greater delight to her husband and less of a problem for her parents. And as for you, sweet ladies, you shouldn't fight with a man like that. It's not right. Your father gave him to you. Your father himself, and your mother, whom you must obey. Your maidenhead, your virginity, does not belong to you completely. Some of it is your parents': one third, your father's, one third, your mother's. Only a third is your own. Do not fight with those two who have given their rights to their son-in-law, together with the dowry.
Hymen o Hymenaee, Hymen come o Hymenaee

  Ronan Sheehan

Scannán óghachta briste
is colainn ar ris seal,
ní mheallfaidh sí cinnte
saint fear nó spéis ban.
 A Himéin agus rl.

Ógfhir
Fíniúin gan taca, ar bhán,
ní dhreapfaidh san aer.
Ar a cromada fásfaidh
is ní bhéarfaidh sí riamh
aon mheas caor.
I bhfáinne fí fáis
beidh a barr faoina bun
ina fréamh.
Ach dá dtabharfaí
slataire leamháin
don fhíniúin, ba spéis
le lucht talmhaíochta í feasta.

Ionann scéal
don mhaighdean dhíomhaoin
tá ag críonadh 's ag tréigean a scéimhe.
Faigheadh an t-ion-nuachar sonuachar.
Tabharfaidh a fear céile grá di
agus cuirfidh a hathair suas léi.
 A H********

Thug d'athair i láimh thú d'fhear céile,
a iníon. Bí mín.
Ní foláir duit bheith umhal dod thuistí
agus géilleadh dá mian.
Ní leat do chorp óghachta:
led athair 's led mháthair dhá dtrian
d'réir dlí, ded phitín.
Is bhronn siad forlámhas ort,
corp, craiceann, is spré,
ar a gcliamhain.
     Biddy Jenkinson

Buile Chonla

D'aon scríob mhire,
ina shlimbharc sleamhain,
thar dhuibheagán na mara,
d'éalaigh Conla ó bhaile de rúid reatha;
nó gur shroich diamhair choille i dtír na Gréige
istigh faoi scáth na ndlúschrann,
láthair na mbandéithe.

A cheann ina bhulla báisín,
an toisc a thug ann é ag baint dá chiall,
choill dá ghabhal thíos le slinn ghéar
na baill ghiniúna.

Ar chlaochlú dó
thóg ina láimh chailce an bodhrán ceolmhar,
is le méara boga ar an seicne toll,
d'agaill mar leanas a compánaigh, criothán ina glór:

'Abhae libh, a Ghaela,
go doire sléibhe Aoibheall na Craige Léithe,
sibhse lucht leanúna na banríona,
nár loic orm le linn na tóraíochta,
mar a bhfulaingíomar lais ghoirt na sáile
is suaiteacht na farraige móire.
Sibhse a dhein íobairt na fearúlachta,
geallaíg dílseacht anois di
is ná fanaíg leis an dara comhairle.
Abhae libh go háitreabh Aoibhill
i ndiamhaireacht na Craige Léithe
mar a mbíonn damhsóirí le meidhir ag éirí in airde
faoi dhraíocht ag siansa cuanna ceoil.
Abhae linn ina dteannta i ríl mhór na beatha.'

Super alta uectus Attis celeri rate maria
Phrygium ut nemus citato cupide pede tetigit
adiitque opaca siluis redimita loca deae,
stimulatus ibi furenti rabie, uagus animis
deuoluit ili acuto sibi pondera silice.
itaque ut relicta sensit sibi membra sine uiro,
etiam recente terrae sola sanguine maculans
niueis citata cepit manibus leue typanum,
typanum, tubam Cybelles, tua, mater, initia,
quatiensque terga tauri teneris caua digitis
canere haec suis adorta est tremebunda comitibus
'agite ite ad alta, Gallae, Cybeles nemora simul,
simul ite, Dindymenae dominae uaga pecora,
aliena quae petentes uelut exsules loca
sectam meam exsecutae duce me mihi comites
rapidum salum tulistis truculentaque pelagi
et corpus euirastis Veneris nimio odio,
hilarate erae citatis erroribus animum.
mora tarda mente cedat; simul ite, sequimini
Phrygiam ad domum Cybelles, Phrygia ad nemora
    deae,
ubi cymbalum sonat uox, ubi tympana reboant,
tibicen ubi canit Phryx curuo graue calamo,
ubi capita Maenades ui iaciunt hederigerae,
ubi sacra sancta acutis ululatibus agitant,
ubi sueuit illa diuae uolitare uaga cohors,
quo nos decet citatis celerare tripudiis.'

simul haec comitibus Attis cecinit notha mulier,
thiasus repente linguis trepidantibus ululat,
leue tympanum remugit, caua cymbala recrepant,

Of Attis and Cybele

The screeching furies rode the ancient winds
and lashing out with glass-tipped tails
drove Attis and his twisted crew
across interminable days.
Astride a mile-long iron deck
Attis drilled his skulking ranks
through heaving seas of piss and blood.
They painted flags of jagged teeth,
and with raggy scraps of napalmed skin
polished up their mercenary steel.

When at last they pitched upon a midnight shore,
a mountain's shadow-blackened hoof
Attis ranked his thousand brothers all together
along the dark and bubbling sands, and standing
proud upon a rock before adoring lines
he roared: 'Before the sneaking dawn
strips this shady mountain bare
we're going to gain the mountaintop,
and be writhing joyously, out of our minds,
like nests of incense-addled snakes,
in the courtyard of my mother, Cybele's, fort.
And here before we start, before you all I'll prove my
    mother-love,
I'll tear my own balls off for MOTHER DEATH, for
MOTHER DEATH.'
So down he bent, and with the sharpened blade of a
    bayonet
sliced out his tree of life, root and all.
Attis brayed like an electrocuted mule,
Attis bled like a slit-throated bull,
then watched his brothers emulate.

Conla buile, baineann anois,
a gceann feadhna in iontas na foraoise,
mar shearraigh óga ag cur in aghaidh na cuinge,
sna sála air, na Gaela,
nó gur shroicheadar Brú Aoibhill, tuirseach traochta,
is gur thiteadar ina bpleist ina gcodladh tar éis a
    saothair.

Ach nuair a shoilsigh aghaidh órga na gréine
dreach glan na spéire,
d'imigh leá ar bhuile Chonla;
tháinig a shaol is a thimpeallacht chun soiléire.
Thuig uafás a chailliúna,
chaith súil thruamhéalach thar dhuibeagán na farraige,
ag tnúthán i ndiaidh a dhúchais go croíbhriste:

'A thír mo thuismithe is a dhúthaigh mo dhúthrachta
thréigeas tú chun go mairfinn i ndiamhaireacht an
    alltair,
is n'fheadar ó shin cá bhfuil mo dhúchas.
Ach ar m'athchiall anois dom
dírím mo shúile gan stró i do threo.
An bhfágfar ar deoraíocht anseo anois mé go deo,
ar fán óm bhaile is óm mhuintir?
Ó theach an mhargaidh is ón ionad gleacaíochta;
ón ráschúrsa is ó pháirc na himeartha?
Mise mé féin is ciontach,
ag iarraidh é a bheith ina ghruth is ina mheadhg agam;
fágtha ar an dtráigh fholamh,
bean anois mé,
strapaire fir tráth dá raibh.
Uaigneach ataoi, a chroí thréigthe,
ní tógtha ort do chlamhsán

uiridem citus adit Idam properante pede chorus.
furibunda simul anhelans uaga uadit animam agens
comitata tympano Attis per opaca nemora dux,
ueluti iuuenca uitans onus indomita iugi:
rapidae ducem secuntur Gallae properipedem.
itaque, ut domum Cybelles tetigere lassulae,
nimio e labore somnum capiunt sine Cerere.
piger his labante langore oculos sopor operit:
abit in quiete molli rabidus furor animi.
sed ubi oris aurei Sol radiantibus oculis
lustrauit aethera album, sola dura, mare ferum,
pepulitque noctis umbras uegetis sonipedibus,
ibi Somnus excitam Attin fugiens citus abiit:
trepidante eum recepit dea Pasithea sinu.
ita de quiete molli rapida sine rabie
simul ipsa pectore Attis sua facta recoluit,
liquidaque mente uidit sine quis ubique foret,
animo aestuante rusum reditum ad uada tetulit.
ibi maria uasta uisens lacrimantibus oculis
patriam adlocuta maesta est ita uoce miseriter:

'patria o mei creatrix, patria o mea genetrix,
ego quam miser relinquens, dominos ut erifugae
famuli solent, ad Idae tetuli nemora pedem,
ut apud niuem et ferarum gelida stabula forem
et earum omnia adirem furibunda latibula,
ubinam aut quibus locis te positam, patria, reor?
cupit ipsa pupula ad te sibi derigere aciem,
rabie fera carens dum breue tempus animus est.
egone a mea remota haec ferar in nemora domo?
patria, bonis, amicis, genitoribus abero?

Men no more, trailing dark red rivulets,
in which the strangest stalks took root,
they charged as one mad rushing troop
into the forest's deeper gloom.
On and up towards the mother lair, the mountaintop.
All night they trampled down the ferns,
all night they scrambled over rocks,
all night they tore past thorns and grizzled bark,
all night they hollered, sang and screamed,
banged out tunes with hollowed shins on tambourines
till their lungs were raw and quit

and their amphetamine insanity was spent.
Then tripping up and staggering round
like squads of wet-brain, park-bench drunks,
they fell to earth, and took the land of nod.

Between two steaming mouldy rocks
Attis curled up on the crawling forest floor
and dribbled, dreaming, on his mother's breasts,
a dream that flushed his madness clear.

Attis awoke. Sun-fire and shadow danced across his skin,
dawn song warbled from the canopy.
The air and everything within was pine-pure and
    glassy-still.
His mind was fresh and clean,
an empty glass, poison free.
But quickly flooding guilt took hold, regret, and fear,
and spying the boiling rusted scab that clamped
his midriff, a putrid leaf from a tree of rot,
Attis set to abandoning his groaning seedless crew
and fled back cock-less to the shore.

Across a white sea of fire he stared,

ar chuimhneamh duit go mbínn tráth
im laoch ar pháirc na himeartha,
ag filleadh go caithréimeach abhaile,
na sráideanna plódaithe faoi mo choinne.
Conas tá anois agam?
Cad a thabharfar orm?
Searbhónta na nDéithe, banóglach Aoibhill?
Mé ag meilt mo laethanta ar bharra na sléibhte,
ag spaisteoireacht i dteannta na bhfianna is na dtorc?
Anois mhuise, atá aithrí mo choillte orm,
im ghabhal gliogair d'fhear,
ag dúnadh an stábla tar éis na foghla.'

Iarmhairt
Iar rá na mbriathra seo dó,
níor mhó ná sásta na déithe leo.
D'éirigh Aoibheall is scaoil lena racht,
ag saighdeadh na conairte d'fhonn díoltas d'agairt:
'Seo libh anois go fíochta fraochta,
tiomáin an athuair is tathain chun buile
an té d'éalódh óm dhlínse
i ndiamhaireacht na foraoise.
Fulaing lais do sciúrsála féin
go gcloisfear do gheonaíl ar fud an bhaill,
go leanfaidh do liú i bhfad i gcéin.'

Sin mar labhair Aoibheall fhaochta,
ag scaoileadh go deaslámhach le snaidhm na cuinge.
Músclaíonn fíoch na conairte is scaoileann fé le mire,
is tríd an gcosán coille deineann cosair easair
nó go sroicheann ciumhais na farraige móire
mar a bhfeiceann Conla caoimh i mbun a mharana.
Madhmann fúithi, ach scinn uathu obann

abero foro, palaestra, stadio, et gymnasiis?
miser ah miser, querendum est etiam atque etiam,
    anime.
quod enim genus figurae est ego non quod obierim?
ego mulier, ego adulescens, ego ephebus, ego puer,
ego gymnasi fui flos, ego eram decus olei:
mihi ianuae frequentes, mihi limina tepida,
mihi floridis corollis redimita domus erat,
linquendum ubi esset orto mihi sole cubiculum.
ego nunc deum ministra et Cybeles famula ferar?
ego maenas, ego mei pars, ego uir sterilis ero?
ego uiridis algida Idae niue amicta loca colam?
ego uitam agam sub altis Phrygiae columinibus,
ubi cerva siluicultrix, ubi aper nemoriuagus?
iam iam dolet quod egi, iam iamque paenitet.'

roseis ut huic labellis sonitus citus abiit
geminas deorum ad aures noua nuntia referens,
ibi iuncta iuga resoluens Cybele leonibus
laeuumque pecoris hostem stimulans ita loquitur.
'Agedum,' inquit, 'age ferox i, fac ut hunc furor agitet,
fac uti furoris ictu reditum in nemora ferat,
mea libere nimis qui fugere imperia cupit.
age caede terga cauda, tua uerbera patere,
fac cuncta mugienti fremitu loca retonent,
rutilam ferox torosa ceruice quate iubam.'
ait haec minax Cybelle religatque iuga manu.
ferus ipse sese adhortans rabidum incitat animo,
uadit, fremit, refringit uirgulta pede uago.
at ubi umida albicantis loca litoris adiit
tenerumque uidit Attin prope marmora pelagi,
facit impetum: ille demens fugit in nemora fera:
ibi semper omne uitae spatium famula fuit.

across an endless sea of burnished skulls, he stared,
and pleaded for the fathering of home,
where he could spend himself in slot machines as old,
where he could train again his hounds to tear the snouts
from other hounds,
where he has bitten earlobes off with glee,
and guffawing stamped in jaws with studded heels.
Attis cried: 'Oh take me to the streets of living pain-
    enduring things,
the streets my father rules with cane and buckle, boot
    and blade,
for there's nothing here but weeds to slash,
just vermin hides to pierce and skin.'

A hundred yards away, shrouded in an arboreal mist,
flanked by lizards, cobras, lions,
a guarding coterie of unnameable, phantasmagoric beasts,
Cybele marked her only son's betrayal,
and spinning in a fearsome rage,
she ordered out her fiercest brute; 'Scatter Attis from
    the shore,
harry his heels to deepest woods till he is lost
and whimpering, and roams alone for evermore.'
The lion sprung, and Attis fled, dripping blood, into the
    darksome wood.
Slithering branches shut the darkness in behind him.
So were Attis and his brothers trapped
so still, deathless and undone,
they roam those vulture taunted woods.

Oh Mother Death
old time whining coffin queen
queen of bombs that look like toys
queen of toys that look like bombs

chun na coillte fiáine
mar a bhfan ina bhanóglach feadh a bheatha.

Is a Aoibheall, a Bhanríon na Craige Léithe,
tóg díom aghaidh do chaoraíochta;
ná claon do dhrochshúil ar chleas mo thí-se,
ach tiomáin chun gealtachta criú éigin eile.

Tadhg Ó Dúshláine

dea magna, dea Cybelle, dea domina Dindymi,
procul a mea tuus sit furor omnis, era, domo:
alios age incitatos, alios age rabidos.

queen of kings and presidents
queen of maiming
queen of racks
queen of corporations
queen of depletion
queen of rendition
queen of hoods and executions
queen of absence
queen of fragments
queen of disappearance
queen of the swarms of red-hot nails,
glittering,
phosphorescent,
corrosive,
flame-engulfing queen
silver haired and shadow browed
blue tongued and bloody eyed
your needle crown
your dress of shards
your yellow breath
your crooked teeth
your deadly stare
your pallid flesh
your frigid limbs
your pus-filled veins
I hate you
I hate you
I will not be your lover
I plug my ears to the
lure of your moan
I refuse your embrace
I will not be your lover
so keep the white dust of your knock from my door,
keep the stamp of your black lips for someone else.

Dave Lordan

Imeacht na nArgónátach; iomann don bhainis

Deirtear gur shnámhaig na crainn seannda giúise
a phréamhaigh ar bharra Pelion trí uiscí
    gléineacha
Neiptiúin go tonntracha Phasis agus ríochta Aeëtes,
nuair a b'fhonn d'ógánaigh tofa, plúr na bhfear
    Airgéach,
olna órga mhuintir Choilcís a bhreith leo.
Thugadar fé na huiscí a thrasnú i long mear,
ag rámhaíocht trí na farraigí fairsinge le basa giúise
don mbandia go bhfuil lámh in uachtar aici
ar dhaingne bharr na gcathracha, a dhein lena lámha féin
an carbad atá ag scinneadh na dtonn le cóir gaoithe,
agus a d'fhigh an tsaoirseacht giúise den gcíle chuartha.
B'ionann an chéad turas seo agus iomramh Amphitritê.
Nuair a threabhaigh sí an fharraige ghaofar
lena stuimine, agus aníos as an gcúrán bán
agus suathadh na farraige a dhein na maidí rámha
leis an sáile, d'fhéach Néiréidí na doimhneachta
le hiontas ar an áras deoranta.
Ar an lá san amháin chonaic daoine daonna béithe mara
ina seasamh sa bhorradh nochtaithe go dtína mbrollaigh.
Deirtear gur thit Peleus i ngrá daingean le Thetis
agus níor dhiúltaigh Thetis pósadh—
thoiligh an tAthair ansin le cleamhnas Peleus agus
    Thetis.
Sibhse beo in am an áthais, sibhse laochra na ndéithe,
Beannaím sibhse macaibh uaisle na máithreacha!
Sláinte chughaibh le fíon agus amhrán, agus chughatsa
go speisialta, beannaithe le lóchrainn áthasacha an
    phósta,
cúltaca na Teasáile, Peleus, gur thug Iúpatar,

Peliaco quondam prognatae uertice pinus
    dicuntur liquidas Neptuni nasse per undas
Phasidos ad fluctus et fines Aeeteos,
cum lecti iuuenes, Argiuae robora pubis,
auratam optantes Colchis auertere pellem
ausi sunt uada salsa cita decurrere puppi,
caerula uerrentes abiegnis aequora palmis.
diua quibus retinens in summis urbibus arces
ipsa leui fecit uolitantem flamine currum,
pinea coniungens inflexae texta carinae.
illa rudem cursu prima imbuit Amphitriten.
quae simul ac rostro uentosum proscidit aequor
tortaque remigio spumis incanuit unda,
emersere freti candenti e gurgite uultus
aequoreae monstrum Nereides admirantes.
illa, siqua alia, uiderunt luce marinas
mortales oculis nudato corpore nymphas
nutricum tenus exstantes e gurgite cano.
tum Thetidis Peleus incensus fertur amore,
tum Thetis humanos non despexit hymenaeos,
tum Thetidi pater ipse iugandum Pelea sensit.
o nimis optato saeclorum tempore nati
heroes, saluete, deum genus! o bona matrum
progenies, saluete iterum
uos ego saepe meo, uos carmine compellabo,
teque adeo eximie taedis felicibus aucte
Thessaliae columen Peleu, cui Iuppiter ipse,
ipse suos diuum genitor concessit amores.
tene Thetis tenuit pulcherrirna Nereine?
tene suam Tethys concessit ducere neptem
Oceanusque, mari totum qui amplectitur orbem?
quae simul optatae finito tempore luces

Peliacon's summit. Pine-trees born there, they say,
    swam through Neptune's clear waters to the waves
of Phasis and through the boundaries of Aeetes. This
was when the chosen youth, the strength of the Argives,
wanted to steal the golden fleece of Colchis, and swept
across the salt sea on a fast ship. They coasted the blue
expanse with wooden blades. The goddess who holds
the citadels made the car which flies in the breeze and
bound the pine-wood which made the keel. That boat
was the vehicle for Amphitrites' first voyage.
She cut the windy ocean with her prow. The wave split
by the oar grew white and the Nereids of the depths
were in awe at this wonder passing. Upon that day and
on no other humans saw the Nymphs appear above the
tide, naked to their breasts. Peleus burned with love of
Thetis. And Thetis did not spurn the love of a mortal.
The father understood that Peleus must be joined to
Thetis.
Oh, heroes born in the happiest time, you children of
the gods, you noble children of women, I salute you! I'll
drink to you again and again with wine and I'll serenade
you in song—Peleus, the strength of Thessaly, blessed
with wedding-torches, to you above all, to whom Jupiter
the king of the gods granted the one that he himself
loved.
Thetis held you, the beautiful daughter of Nereus. Tethys
gave you her granddaughter. And so did Ocean, who
embraces the world.
The long awaited day arrived. The whole of Thessaly
gathers in the house, a very happy crowd. They are
bearing gifts, smiling and laughing. Cieros is deserted.

Rí na ndéithe, a ghrá iomlán dó!
Ar ghlac Thetis álainn, iníon Nereus, go fonnmhar leat?
Ar thoilig Tethys a ghariníon i bpósadh leat, agus
Oceanus a thimpeallaíonn an domhan le farraige?

Domhnall Mac Síthigh

Teacht na n-aíonna; an pálás agus leaba an phósta
Lá dá saol a bhí ann: bhí deireadh le tnúthán;
seo chuig an bpálás pobal meidhreach na Teasáile,
líonann gliondar an tslua an teach.
Ardaíonn siad rompu a dtabhartaisí, lúcháir in a
  n-aghaidheanna.
Tá Cieros folamh. Tréigeann siad teampall Phthiotis,
na hárais i gCrannon agus fallaí Larisa.
Cruinníonn siad i Pharsalus. Sealbhaíonn siad tithe
  Pharsalus.
Níl aird ar fheirmeoireacht, meathlaíonn scórnacha na
  mbullán.
Níl grafóg á cur le luifearnach faoi na crainn finiúna.
Níl an talamh dá bhriseadh a thuilleadh ag seisreach is
  céachta.
Ní lomann an corrán bearrtha scáth na gcrann lom.
Tá an mheirg ag dul i bhfastó sa chéachta díomhaoin.

Ach sa phálás féin, halla i ndiaidh halla, tá loinnir óir is
  airgid.
Soilsíonn éabhar geal na ríchathaoireacha,
lonraíonn na soithigh ar an mbord,
tá an teach ó bhun go barr meidhreach ina rachmas
  ríoga.
Ansin, i gcroílár an phálais, tá leaba phósta don
  bhanphrionsa,

aduenere, domum conuentu tota frequentat
Thessalia, oppletur laetanti regia coetu:
dona ferunt prae se, declarant gaudia uultu.
deseritur Cieros, linquunt Phthiotica Tempe
Crannonisque domos ac moenia Larisaea,
Pharsalum coeunt, Pharsalia tecta frequentant.
rura colit nemo, mollescunt colla iuuencis,
non humilis curuis purgatur uinea rastris,
non glaebam prono conuellit uomere taurus,
non falx attenuat frondatorum arboris umbram,
squalida desertis robigo infertur aratris.
ipsius at sedes, quacumque opulenta recessit
regia, fulgenti splendent auro atque argento.
candet ebur soliis, conlucent pocula mensae,
tota domus gaudet regali splendida gaza.
puluinar uero diuae geniale locatur
sedibus in medio, Indo quod dente politum
tincta tegit roseo conchyli purpura fuco.
haec uestis priscis hominum uariata figuris
heroum mira uirtutes indicat arte.
namque fluentisono prospectans litore Diae
Thesea cedentem celeri cum classe tuetur
indomitos in corde gerens Ariadna furores,
necdum etiam sese quae uisit uisere credit,
ut pote fallaci quae tunc primum excita somno
desertam in sola miseram se cernat harena.
immemor at iuuenis fugiens pellit uada remis,
irrita uentosae linquens promissa procellae.

quem procul ex alga maestis Minois ocellis
saxea ut effigies bacchantis prospicit, eheu,
prospicit et magnis curarum fluctuat undis,

They leave Phthiotic Tempe and the houses of Crannon and the walls of Larissa. The gathering point is Pharsalus. They throng the houses there. No-one tills the land. The necks of the cattle soften. The vineyard knows no more the curved rake. The primer's hook no more thins the shade of the tree. The ox no longer ploughs the land. The ploughshares rust in the barn.

The rooms of Peleus palace shine with gold and silver. The thrones are made of gleaming ivory. The cups on the table sparkle. The house, the whole house, is alive with treasure. At the palace's heart the marriage-bed is made up for the goddess, made with Indian tusk, covered with purple, the rosy colour of the shell.

This bed-cover is embroidered with the outlines of ancient men. It lays out, with spectacular art, the deeds of heroes. There, for example, from the wave-struck shore of Dia, Ariadne watches Theseus sail away from her in his light fleet. There is madness in her heart, a madness she cannot control. She cannot believe what she is seeing. Wakened from the sleep of deceit, she realizes that she has been abandoned. The young man flies from her. He strikes the water with his oars and casts his promises to the storm. Minos' daughter watches him from afar, her eyes streaming tears. She is like a marble bacchante. Great waves of suffering flow through her. The golden band has dropped from her head. Her vest has fallen, and the cloth from her breast. They've all fallen into the water where the waves lap them about her calves. But she wasn't concerned about them. She was thinking of you, Theseus. Totally, completely of you. Mind, body and soul. All hung on you. Poor woman! Erycina drives you mad with endless floods of grief. She planted cares in her breast even then,

gile na hInde san éabhar, a pluid rósdearg
daite ag sliogáin ón bhfarraige.

Pádraig Ó Máille

Tosach an scéil laistigh. Ariadne, Téiséas, an Míonótár
An chuilt seo, le deilbh na bhfear ársa snáthmhaisithe,
le míorúilt ealaíne ag tabhairt gaile agus gaisce
na laoch chun cuimhne. Mar ann ag breathnú roimpi
ó chladach tonnghlórach Dia, cíonn Ariadne Téiséas,
is é fé réim seoil le mire long, fiántas buile ina croí,
fós gan í in acmhainn creidiúna go bhfeiceann sí an ní
atá ina fianaise; mar anois, le barr dúiseachta ón suan
 cealgach,
faigheann sí amharc uirthi féin, ainniseoir bocht,
tréigthe ar an ngaineamh aonair. San am céanna
teitheann an fear óg, ag bualadh na n-uiscí lena mhaidí,
is scaoileann a bhréithre bréige gan comhlíonadh
ina bhfolús chun na stoirme feothanaí.
Is air, i bhfad ón dtráigh feamnaí, le sileadh súl,
a fhéachann iníon Mhíonóis, mar dhealbh mharmhair
 bhacóige,
ochón, ag breathnú roimpi riamh is choíche,
is í i ngreim na doininne le rabhartaí groí an ghrá chollaí.
Is ar a shon sin, scarann a fionnfholt leis an líontán mín,
a síodbhrat lena cheangal, a brollach gan a chaille
tá a cíocha bángheala óna gcreasán slím scartha,
a baill éadaigh iomlán óna colainn scaoilte,
bog-shuaite sa tsáile is ag a cosa fillte.
A ceannbhrat, ní cás léi, ná a héadaí breá síoda ar uisce,
ach is duitse amháin, Téiséas, a thugann sí gean,
le fórsaí tréana aigne, le lán-neart smaoinimh, is le dianghrá
anama, tá an mhaighdean dubhach ag cuimhneamh.

non flauo retinens subtilem uertice mitram,
non contecta leui uelatum pectus amictu,
non tereti strophio lactentis uincta papillas,
omnia quae toto delapsa e corpore passim
ipsius ante pedes fluctus salis adludebant.
sic neque tum mitrae neque tum fluitantis amictus
illa uicem curans toto ex te pectore, Theseu,
toto animo, tota pendebat perdita mente.
ah misera, adsiduis quam luctibus exsternauit
spinosas Erycina serens in pectore curas
illa tempestate, ferox quo ex tempore Theseus
egressus curuis e litoribus Piraei
attigit iniusti regis Gortynia tecta.

nam perhibent olim crudeli peste coactam
Androgeoneae poenas exsoluere caedis
electos iuuenes simul et decus innuptarum
Cecropiam solitam esse dapem dare Minotauro.
quis angusta malis cum moenia uexarentur,
ipse suum Theseus pro caris corpus Athenis
proicere optauit potius quam talia Cretam
funera Cecropiae nec funera portarentur.
atque ita navue leui nitens ac lenibus auris
magnanimum ad Minoa uenit sedesque superbas.
hunc simul ac cupido conspexit lumine uirgo
regia, quam suauis exspirans castus odores
lectulus in molli complexu matris alebat,
quales Eurotae progignunt flumina myrtos
auraue distinctos educit uerna colores,
non prius ex illo flagrantia declinauit
lumina quam cuncto concepit corpore flammam
funditus atque imis exarsit tota medullis.

when Theseus set off from the bending shore of Piraeus
and reached the Gortynian palace of the cruel king.
Cecropia, forced by a plague to pay a penalty for
Androgeos' slaughter, once fed youths to the Minotaur,
some of the brightest youths, and with them some of
the most beautiful girls. When the walls of his city
were under threat Theseus chose to offer himself, his
own body, for his beloved Athens, rather than that such
deaths, living deaths, of Cecropia should be carried to
Crete. Making good time on his light craft, with a gentle
breeze behind him he comes to great hearted Minos and
its proud demesne.
The moment the princess saw him she wanted him.
Sweet odours nursed in her mother's embrace breathed
about her couch, like myrtles which rise from the waters
of Eurotas, or the different flowers which blossom in
spring. She could not take her eyes off him until her
heart was on fire and her womb was one livid flame.
Sacred boy! You interweave the joy of men with sorrow,
you rule Golgi and leafy Idalium. Upon what waves
did you throw the woman's seething heart? A woman
trembling for the golden-headed guest. She was
terrified. She became paler than the gleam of of gold
when Theseus, ready for the monster, set out to conquer
or die.
With silent lips she pledged sweet gifts to the gods. In
vain.
Like an oak tree which waves its arms on the summit
of Mount Taurus, or a pine tree with its sweating bark,
when a savage storm frazzles the grain with its force
and uproots it; rooted out it lies face down on the earth,
smashing all it encounters. So Theseus destroyed the

Ochón, ochón, go deo na ndeor, le tuilte bróin gan srian
tá Bhénus dá céasadh, is leis an imní a croí dá riastadh,
riamh is choíche, ón gcéad uair a thug Téiséas cúl
le cladaí camchasa Phiraeus, is é fé stiúir,
gur éirigh leis a fhorrach le barrchrógacht
cathair Chréiteach Rí na bhfeallbheart.
Fadó, is fadó a bhí, deir ráiteachas an tseanchais, gur
    maraíodh
Androgeos, mac Mhínóis, an rí Créiteach, ag na cluichí,
is díoltas dá agairt in am an chalair is iad fé dhaorbhroid,
ghéill Cecropia don éiric, is bliain ar bhliain,
riamh ó shin, cuireadh scoth na bhfear óg
is plúrscoth na maighdean ar chróchair,
le cur ar mhiasaibh os comhair an ríthairbh.
Mo mhairg, ba lag í an chathair, éirleach ag bagairt
is marbhnéal an bháis ag éileamh choíche is go deo
gur ghoill ar Théiséas, a ghrá di buan daingean
—dá ghealchathair—is chinn ar féiníobairt,
a bhrisfeadh na geasa, a bhéarfadh corpáin
—corpáin beomharbh—don rítharbh.
Dá bhrí sin scaoil sé na seolta fé chóir chaoin gaoithe,
is ba mhear í a naomhóg gur tharraing an chathair
    Chréiteach
a dúnta le mínáire ag éirí in airde—
is ann a bhí an t-áibhirseoir, an tiarna Míonós.
An Bhé, fuair sí amharc air, iníon ríoga Mhíonóis,
a súile le hainmhian lasta is a leaba bheag gheanmnaí
a scaoileann cumhráin mhilse, í fós ina taithí,
á tabhairt chun coinnleachta i gcaoinbharróg a máthar,
mar na miortail a eascrann cois abhainn an Eurotas,
nó na pabhsaetha ildathacha a mheallann caoinleoithne
    earraigh
chun sceite, níor dhruid ar a súile, iad ar lasadh

heu misere exagitans immiti corde furores,
sancte puer, curis hominum qui gaudia misces,
quaeque regis Golgos quaeque Idalium frondosum,
qualibus incensam iactastis mente puellam
fluctibus in flauo saepe hospite suspirantem!
quantos illa tulit languenti corde timores,
quanto saepe magis fulgore expalluit auri,
cum saeuum cupiens contra contendere monstrum
aut mortem appeteret Theseus aut praemia laudis.
non ingrata tamen frustra munuscula diuis
promittens tacito succendit uota labello.
nam uelut in summo quatientem bracchia Tauro
quercum aut conigeram sudanti cortice pinum
indomitus turbo contorquens flamine robur
eruit (illa procul radicitus exturbata
prona cadit, lateque cum eius obvia frangens),
sic domito saeuum prostrauit corpore Theseus
nequiquam uanis iactantem cornua uentis.
inde pedem sospes multa cum laude reflexit
errabunda regens tenui uestigia filo,
ne labyrintheis e flexibus egredientem
tecti frustraretur inobseruabilis error.

sed quid ego a primo digressus carmine plura
commemorem, ut linquens genitoris filia uultum,
ut consanguineae complexum, ut denique matris,
quae misera in gnata deperdita laetabatur,
omnibus his Thesei dulcem praeoptarit amorem,
aut ut uecta rati spumosa ad litora Diae
uenerit, aut ut eam deuinctam lumina somno
liquerit immemori discedens pectore coniunx?
saepe illam perhibent ardenti corde furentem

monster which uselessly tossed its horns to the empty winds. From there, unhurt and in glory, he retreated, guiding his wandering steps with a fine thread. In this way the hidden design of the labyrinth, its intricate winding and rewinding sequences, did not confuse him. Should I leave the first theme of my poem? How a daughter fled her father's face, her sister's affection, and finally her mother, destined to mourn her lost daughter. She preferred to all of these the sweet love of Theseus. Or how the boat was carried to Dia's burning shores? How her lover left her when she was asleep, his heart void of memory. They say that in her madness she let out terrible cries from her inmost heart. That she would climb the mountains to gaze upon the expanse of ocean. That she would run out into the water, lifting her dress above her knee. With tears streaming down her face she sobbed out her last complaint.

'You took me from my home, Theseus, and left me on this deserted shore. You left me, in defiance of the gods. You take away with you the curse of a sacred vow, broken. Could nothing change the object of your hard heart? Had you no mercy for me? No pity? The promises you once made were not like this, nor the hopes you stirred into life. Rather a happy wedding; love-making, making love. All now blown to the four winds. From now on, so far as I am concerned, no woman can believe what a man swears. Indeed, we cannot trust anything they say. They swear anything and promise anything when they're bursting to get something from us. Once they've got it they forget about their vows and their broken vows. I saved your life, you know it well. I let my brother die rather than abandon you when you faced

le taitneamh an éilimh, gur adhain tine bheo-chreasa
i gceartlár a cléibhe, is le feochracht na lasar a ionathar
    taodach.
Mo mhairg, a linbh naofa, is tú le cruas croí
a thiomáineann neamh-mheabhair le mire trí chéile,
is tú a thugann chun cumair an gol is an gáire sa duine,
a Bhénus, fé do réim tá Golgi is Idalium craobhach,
ba mhór iad na hólaithe ar a dteilgis an Bhé,
a croí leis an lasair faobhrach, is í ag síortarrac osna
i ndiaidh an allúraigh fionn éachtaigh. Nach doimhin iad
a smaointe, le tréan eagla ag téarnamh, is a croí le hatuirse
tréithlag, an mó uair a éiríonn sí níos mílíthí ná lí an óir.
Is Téiséas le fonn ar a shlí is ar tinneall chun troda
na hamhailte—an t-ainmhí daonna—ar baraíd le bás
nó le barrchraobh chaithréimeach a bheatha.
Is do chrom an ainnir, le beola gan anam, ar an bpaidir,
ag tairiscint le díomas, dos na déithe, tabhartaistí
    soghlactha,
is bhí éifeacht ina paidir, mar an crann is a ghéaga dá
    charnadh
ar bharr Shliabh Taurus, an Dair nó an Ghiúis
    bhuaircíneach,
is súlach lena choirt, beireann an gála guairneánach air,
is lúbann lena racht, á réabadh ón dtalamh le neart,
is stáir ón áit sin luíonn sé, stollta ós na rútaí, gan corraí,
is a raibh ina chasarnach gan bhrí: is mar sin díreach
a cheannsaigh Téiséas an t-ainmhí daonna,
is leag ar lár é, a adharca gan éifeacht
ag ionramháil go tréithlag na ngaoth folamh.
Ón áit sin do chúlaigh, é gan goirtiú, is le barrchraobh an
    bhua
do threoraigh leis an snáth a sheachrán ar eagla,

clarisonas imo fudisse ex pectore uoces,
ac tum praeruptos tristem conscendere montes
unde aciem in pelagi uastos protenderet aestus,
tum tremuli salis aduersas procurrere in undas
mollia nudatae tollentem tegmina surae,
atque haec extremis maestam dixisse querelis,
frigidulos udo singultus ore cientem:

'sicine me patriis auectam, perfide, ab aris,
perfide, deserto liquisti in litore, Theseu?
sicine discedens neglecto numine diuum
immemor ah deuota domum periuria portas?
nullane res potuit crudelis flectere mentis
consilium? tibi nulla fuit clementia praesto
immite ut nostri uellet miserescere pectus?
at non haec quondam blanda promissa dedisti
uoce mihi, non haec miserae sperare iubebas,
sed conubia laeta, sed optatos hymenaeos:
quae cuncta aerii discerpunt irrita uenti.
nunc iam nulla uiro iuranti femina credat,
nulla uiri speret sermones esse fideles:
quis dum aliquid cupiens animus praegestit apisci,
nil metuunt iurare, nihil promittere parcunt:
sed simul ac cupidae mentis satiata libido est,
dicta nihil meminere, nihil periuria curant.
certe ego te in medio uersantem turbine leti
eripui et potius germanum amittere creui
quam tibi fallaci supremo in tempore deessem:
pro quo dilaceranda feris dabor alitibusque
praeda neque iniecta tumulabor mortua terra.
quaenam te genuit sola sub rupe leaena,
quod mare conceptum spumantibus exspuit undis.

death—and you abandoned me.
'For this my body shall be given to animals and birds. My body will have no tomb. Nobody will throw earth upon it.
'What lioness gave birth to you under a desert rock? What sea conceived you and spewed you from its waves? What Syrtis, what Scylla, what Charybdis gave birth to you—you who make such dire amends for the sweet gift of life. If you didn't want to marry me because you were afraid of disobeying your father, you could have taken me home with you to be your slave, to bathe your feet and spread the purple cover across your bed.
'Why should I cry my sorrows to the empty air? It cannot hear me nor make any response. He has reached the middle of the ocean. There's no-one to be seen upon the barren shore. So bitter fortune, in my hour of need, has taken all witnesses away from me. There's no need to hear my cries. All-powerful Jupiter, how I wish that the Athenian ships had never touched our shores. I wish the treacherous voyager had never tied up in Crete, with his woeful tribute to the bull. This evil man! He hid his cruel plan beneath a fair exterior as he dwelt among us as a guest. How can I go back now? What hope do I have? Am I looking for the mountains of Crete? I am barred from them. The flooding sea divides us. Shall I hope for my father's help? The father I abandoned to follow a man who had spilled my brother's blood. I must console myself with my partner's love as he flies away, twisting his oars in the water. This island is far away from everywhere with no sort of a roof on it. There's no way out. I'm surrounded by water. I've no means to get away anyhow. Everything is quiet and deserted. Everything points to death. But my eyes shall not dim

is an gríobhán lúbach feactha curtha de, go gcuirfeadh
cruachastacht doscaoilte na bhfoirgneamh spearbail air.
Siobhán Ní Shíthigh

Saobhghrá

Nach é an feall é gur chas sí amhrán grá
gan trácht ar an gcurfá—
Iníon ionúin de gheall ar imeacht
as amharc ceansa a hathar agus
lombharróg a deirféar: ábhar éachtmhar
dá máthair,
í fágtha báite i mbrón. Ach ní raibh aoinne
ní ba ghiorra dá croí ná Téiséas:
féach gur leis í
nuair a tháinig a rámhlong isteach
ag tarraingt cúrán bán cois trá,
agus an chaoi inar thit sí i dtromchodladh
ina dhiaidh, agus é ag cur an oileáin de
faoi gheasa a dhearmaid.
Uaireanta, agus a ceann ina chíréib,
do chlos siad
uaillghol as ucht na gaoithe
ag éirí óna croí istigh.
Is ar éigin a dhéanfas sí
barr an tsléibhe,
(trithí goil ag briseadh uirthi),
searradh á bhaint as a súile
féachaint an dtiocfadh sé ar ais;
snámh a smaointe ag rith léi
i dtreo na bóchna móire—
(í ag coinneáil cáitheadh na dtonn óna gúna)
ag gol is ag gearán
nó gur bádh in uisce a cinn í:
Dolores Stewart

quae Syrtis, quae Scylla rapax, quae uasta Charybdis,
talia qui reddis pro dulci praemia uita?
si tibi non cordi fuerant conubia nostra,
saeva quod horrebas prisci praecepta parentis,
at tamen in uestras potuisti ducere sedes
quae tibi iucundo famularer serua labore
candida permulcens liquidis uestigia lymphis
purpureaue tuum constemens ueste cubile.

sed quid ego ignaris nequiquam conqueror auris
exsternata malo, quae nullis sensibus auctae
nec missas audire queunt nec reddere uoces?
ille autem prope iam mediis uersatur in undis,
nec quisquam adparet uacua mortalis in alga.
sic nimis insultans extremo tempore saeva
fors etiam nostris inuidit questibus auris.

Iuppiter omnipotens, utinam ne tempore primo
Gnosia Cecropiae tetigissent litora puppes,
indomito nec dira ferens stipendia tauro
perfidus in Creta religasset nauita funem,
nec malus hic celans dulci crudelia forma
consilia in nostris requiesset sedibus hospes!
nam quo me referam? quali spe perdita nitor?
Idaeosne petam montes? ah, gurgite lato
discernens ponti truculentum ubi diuidit aequor?
an patris auxilium sperem, quemne ipsa reliqui
respersum iuuenem fraterna caede secuta?
coniugis an fido consoler memet amore,
quine fugit lentos incuruans gurgite remos?
praeterea nullo litus, sola insula, tecto,
nec patet egressus pelagi cingentibus undis:

nor the sense leave my body before I demand justice
from the gods. In my final hour I shall invoke the faith
of those who live in heaven.
'Eumenides, you who work revenge on men, with your
snake-like hair, and with rage in your breast, come here
to me, come here! Hear my complaint. I bring it out of
the bottom of my soul. I'm helpless, burning, blind with
rage. Don't let my suffering come to nothing. But in the
same way that Theseus had a mind to abandon me may
he, goddesses, destroy himself and those belonging to
him.'
These words flared out of her. The lord of heaven nodded
his assent. In an instant, land and sea shook. The stars in
heaven quivered. The mind of Theseus darkened and he
forgot the instructions to which previously he had held
fast. He did not raise the sign of welcome to his grieving
father. He did not show that he had identified the
Erecthean harbour. They say that when Aegeus placed
his child in the care of the wind—as he left the walls of
the goddess on his boat—he embraced him and advised
him as follows:
'You are my son, my only son, more precious to me than
life, given back to me in the twilight days, whom I now
give over to fortune. It is my luck and your courage
which take you from me. Me, whose eyes cannot see
enough of you. I will not let you go in a good spirit,
or bear the tokens of a prosperous destiny. First I will
lament. I will mar my grey hair with clay and dust.
And then I will hang dyed canvas on your mast so that
the story of my grief and of the fire in my heart may
be traced in Spanish azure. If she who lives in sacred
Itonus, who promises to defend our people and the halls
of Erectheus, if she allows you to sprinkle your right

Caoineadh Ariadne
'Thréig tú mé, a Théiséis an fhill, ar an trá fholamh,
tar éis mo stoite ó fhód mo mhuintire, a fheallaire.
Ag imeacht amhlaidh gan aird ar thoil na ndéithe,
díchuimhneach, nach damanta an mionn éithigh
a bheireann tú leat abhaile? Nárbh fhéidir le haon ní
mian oilc do mheoin a cheansú? Nach raibh ionat plúirín
de thrócaire in áit duáilcis a mhúsclódh trua id chroí?
Ach ní hé seo a gheallais dom tráth le glór mo bhréagtha.
Dar leat ní am threorú a bhí i dtreo na hainnise
ach chun pósta faoi shéan is tnúthán ár mbainise.
É sin ar fad anois amú, á streachailt ag an ngaoth.
As seo amach ná creideadh aon bhean móid an fhir,
as briathra na bhfear feasta ná bíodh aon mhuinín;
nuair a shantaíonn siad ní is nuair is áil leo a fháil,
ní leasc leo mionnú, geallfaidh siad an domhan mór:
ach chomh luath is a shásaítear drúis a méine amplaí,
ní cuimhneach leo a mbriathra, níl meas acu ar mhionn.
Is maith is eol duit an fhírinne lom gur sciob mé ó bhéal
anfa an bháis thú, ag scaoileadh uaim mo dhearthár féin
chun nach loicfinn ortsa in am an ghátair, a bhréagadóir.
Dom bhuíochas mo stróiceadh ag ainmhithe is éin
mar ablach, gan carn ná cáithnín cré am chumhdach.
Cén banleon a thug ar an saol thú faoi aill fhásaigh,
cén mhuir a ghabh is a sceathraigh óna cáitheadh thú,
cén tSirtis, cén Sciolla alpach, cén Chairíbdis ghruama,
go ndéanann tú cúiteamh dá leithéid as milse do
    bheatha?
Murar phósadh idir mise agus tusa a bhí ar d'intinn,
mar gur eitigh tú aitheanta tuismitheora ársa,
d'fhéadfá ar a laghad mé a thabhairt chuig d'áras
chun go mbeinn im shearbhónta do luain an áthais,

nulla fugae ratio, nulla spes: omnia muta,
omnia sunt deserta, ostentant omnia letum.
non tamen ante mihi languescent lumina morte,
nec prius a fesso secedent corpore sensus
quam iustam a diuis exposcam prodita multam
caelestumque fidem postrema comprecer hora.

quare, facta uirum multantes uindice poena
Eumenides, quibus anguino redimita capillo
frons exspirantis praeportat pectoris iras,
huc huc aduentate, meas audite querelas,
quas ego, uae miserae, extremis proferre medullis
cogor inops, ardens, amenti caeca furore.
quae quoniam uerae nascuntur pectore ab imo,
uos nolite pati nostrum uanescere luctum,
sed quali solam Theseus me mente reliquit,
tali mente, deae, funestet seque suosque.'

has postquam maesto profudit pectore uoces
supplicium saeuis exposcens anxia factis,
annuit inuicto caelestum numine rector,
quo motu tellus atque horrida contremuerunt
aequora concussitque micantia sidera mundus.
ipse autem caeca mentem caligine Theseus
consitus oblito dimisit pectore cuncta
quae mandata prius constanti mente tenebat,
dulcia nec maesto sustollens signa parenti
sospitem Erechtheum se ostendit uisere portum
namque ferunt olim, classi cum moenia diuae
linquentem gnatum uentis concrederet Aegeus,
talia complexum iuueni mandata dedisse:
'gnate mihi longe iucundior unice uita,

hand with the blood of the bull, make sure that these commands do not perish in your remembering heart and that time shall not water them down. That as soon as you are in sight of our hills you will lift the cloth of mourning from the yardarms and fly a white sail, so I can see this immediately and can get ready to welcome you home again.'

At first Theseus kept these instructions in mind, but then they left him, as clouds leave the top of a mountain. His father, gazing from his watchtower, wept a flood of tears when he saw the stained canvas. Believing Theseus destroyed by fate, he threw himself from the highest rock. In this way, Theseus' return was the occasion of the same grief which he, through forgetting, had caused Ariadne. She, gazing in the direction his ship had taken, plied the sorrows of her heart over and over again.

Now turn to another part of the tapestry . . .
Bacchus roamed with a band of Satyrs and the Sileni of Mysa, looking for you, Ariadne, on fire with love for you. They rushed here and there, their minds raging, elated. 'Evoe!', they roared. 'Evoe!' and tossed their heads from side to side. Some of them waved thyrsi with hooded tips. Others threw a bullock's limbs around. Some wrapped serpents around their bodies, some carried caskets in a slow procession, caskets which contained mysteries—which outsiders long in vain to hear. Others beat tmypana with raised hands or struck bronze cymbals against one another. Many made raucous sound with their horns or strident noise with their dreadful barbarian pipes.

Such figures decorated the tapestry which covered the royal couch. When the Thessalian youth had gazed upon it to their hearts' content, they began to give way to the

The Poems of Catullus 64 continued

ag cuimilt do chos bán le huisce mín
nó ag cóiriú do leapa le súisín corcra.

'Ach cad chuige faoi sceimhle an oilc a mheilim
    m'éagaoin
ar leoithní gan chéill, nach scaipeann aon arann,
nach gcloiseann aon ghlór is nach féidir a fhreagairt?
Thairis sin tá sé cheana leath bealaigh thar toinn
is níl radharc ar aon neach ar chladach an uaignis.
Am tharcaisniú go tréan mar seo in am an ghátair,
ceileann cinniúint chrua freisin éisteacht mo cheasnaí orm.
A Iúpatair uilechumhachtaigh, b'fhearr dom ón
    úrthosach
nach dteagmhódh loingeas na hAithne riamh le cladaí
    Chnósas,
nár fheistigh mairnéalach an fhill a théad sa Chréit
chun dúchíos uamhnach a íoc le tarbh docheansaithe,
ná fear seo an oilc do theacht chun cónaí linn mar aoi
a d'fholaigh rún cruálach faoina dhealramh milis.
Cá dtabharfaidh mé m'aghaidh? Cén dóchas a
    mhaireann sa díth?
An dtriallfad ar shléibhte Ida? Mo bhrón ar an
    duibheagán mór
idir mé agus iad, ar chlár suaite na teiscinne a scarann.
An féidir a bheith ag súil le cabhair óm athair? A
    thréigeas
d'fhonn imeacht le macaomh a bhí smeartha le fuil mo
    dhearthár?
Nó sólás a ghlacadh as grá dílis mo chéile
atá ag éalú uaim, ag lúbadh maidí rámha righne sa
    rabharta?
Ina fharradh sin níl áitreamh ag aon san oileán annamh
ná bealach amach ar fáil trí thonnta na mara

gnate, ego quem in dubios cogor dimittere casus
reddite in extrema nuper mihi fine senectae,
quandoquidem fortuna mea ac tua feruida uirtus
eripit inuito mihi te, cui languida nondum
lumina sunt gnati cara saturata figura,
non ego te gaudens laetanti pectore mittam,
nec te ferre sinam fortunae signa secundae,
sed primum multas expromam mente querelas
canitiem terra atque infuso puluere foedans,
inde infecta uago suspendam lintea malo,
nostros ut luctus nostraeque incendia mentis
carbasus obscurata decet ferrugine Hibera.

quod tibi si sancti concesserit incola Itoni,
quae nostrum genus ac sedes defendere Erechthei
annuit, ut tauri respergas sanguine dextram,
tum uero facito ut memori tibi condita corde
haec uigeant mandata, nec ulla oblitteret aetas,
ut simul ac nostros inuisent lumina collis,
funestam antennae deponant undique uestem
candidaque intorti sustollant uela rudentes,
quam primum cernens ut laeta gaudia mente
agnoscam, cum te reducem aetas prospera sistet.'

haec mandata prius constanti mente tenentem
Thesea ceu pulsae uentorum flamine nubes
aerium niuei montis liquere cacumen.
at pater, ut summa prospectum ex arce petebat
anxia in adsiduos absumens lumina fletus,
cum primum inflati conspexit lintea ueli,
praecipitem sese scopulorum e uertice iecit
amissum credens immiti Thesea fato.

divine gods. So, as the west wind stirs the sea with its breath at morning, as dawn rises to the threshold of the dwelling of the travelling sun, at first the waters go slowly, moved by a breeze, and sound a light laughter; as the breeze increases, their pace quickens and floating from far away reflects a crimson light; so now the guests leaving the royal building through the front entrance go their various ways.

Now Chiron came from the top of Pelion, bearing gifts from the forest. The flowers of the plains and what Thessaly brings forth upon its mighty mountains, the riverbank flowers which warm Favonius reveals, all those he brought, planted in various garlands, giving off a light scent which made the house smile. Next comes Peneus, leaving verdant Tempe, ringed with hanging forests, to be thronged with Dorian dances. He had uprooted beech trees and plane trees, the bending plane tree and the cypress tree who is the swaying sister of enflamed Phaethon. He wove all these into their home, and the entrance was enmeshed with green leaves. Wise Prometheus follows after him, carrying the scars of the ancient punishment which once chained him to the rock and left him hanging from the mountain-tops. Then came the father of the gods with his wife and sons. He left you alone in heaven, Phoebus, except for your sister who lives on the heights of Idrus. Like you she rejected Peleus and refused to go to Thetis' wedding.

They were reclining on the couches. The tables were covered with delicious finger-food, while the Fates, swaying their feeble bodies, began to utter their prophetic verses. White cloth wrapped their bodies, cloth which had a red border. Rose-coloured bands

mórthimpeall.
Gan aon mhodh éalaithe, gan dréim le dóchas. Tost
    máguaird,
máguaird bán, ag an uile ní tá oidhe á bagairt.
Ar a shon sin ní theimhleoidh mo shúile ar bhrú éaga
ná ní fhágfaidh meabhair mo chorp spíonta
sula n-éileoidh mé, tréigthe, pionós ceart ó na déithe,
is go nguífead ar uair mo bháis do dhílseacht na
    bhflaitheas.

'Dá bhrí sin, a Fhúire, agróirí na héirice ar
    ghníomhartha
na bhfear, go maíonn clár bhur n-éadain le fleasc
    nathartha
an fíoch fraochta a thagann mar anáil ón gcroí,
bí liom, tar chugam go beo, éistigí le mo ghearáin
a bhriseann amach, ochón, ó smior na gcnámh,
is mé dímríoch, ar lasadh, dallta ag páis mearaí.
Is ó bheirtear an léan seo in íochtar mo chroí
ná lig don pheannaid imeacht le sruth,
ach meon sin Théiséis im leith nuair a d'fhág sé im
    aonar mé,
go mbasca an meon céanna, a bhandéithe, é féin is a
    mhuintir.'

Pádraig Breandán Ó Laighin

Tuartha na mallachta
Nuair a chuir Ariadne an rabharta focal seo dá croí,
agus í ag agairt díoltais na n-ainghníomh,
thug rialtóir docheansaithe neimhe a chomhartha
    aontais,
agus ar a aontú siúd a aireachtáil, do chrith an talamh,
do thonnchrith farraigí, agus bhain na flaithis creathadh

sic funesta domus ingressus tecta paterna
morte ferox Theseus, qualem Minoidi luctu
obtulerat mente immemori, talem ipse recepit.
quae tum prospectans cedentem maesta carinam
multiplices animo uoluebat saucia curas.

at parte ex alia florens uolitabat Iacchus
cum thiaso satyrorum et Nysigenis silenis
te quaerens, Ariadna, tuoque incensus amore.
quae tum alacres passim lymphata mente furebant
euhoe bacchantes, euhoe capita inflectentes.

harum pars tecta quatiebant cuspide thyrsos,
pars e diuulso iactabant membra iuuenco,
pars sese tortis serpentibus incingebant,
pars obscura cauis celebrabant orgia cistis,
orgia quae frustra cupiunt audire profani,
plangebant aliae proceris tympana palmis
aut tereti tenuis tinnitus aere ciebant,
multis raucisonos efflabant cornua bombos
barbaraque horribili stridebat tibia cantu.

talibus amplifice uestis decorata figuris
puluinar complexa suo uelabat amictu.
quae postquam cupide spectando Thessala pubes
expleta est, sanctis coepit decedere diuis.
hic, qualis flatu placidum mare matutino
horrificans Zephyrus procliuas incitat undas
aurora exoriente uagi sub limina solis,
quae tarde primum clementi flamine pulsae
procedunt, leuiterque sonant plangore cachinni,
post uento crescente magis magis increbescunt

around their heads as their fingers plied the eternal task.
The left hand held the distaff clothed with soft wool, the
right hand lightly drew out the threads and shaped them
with fingers turned upwards. Then, with the thumb
turned downwards, they turned the spindle which was
infused with a circle of whorl. They used their teeth to
bite off the ends of the threads to make them even. Bits
of wool stuck to their lips which before had stood out
from the yarn. At their feet were baskets full of white-
shining wool. As they plucked the wool they sang out
with a clear voice the sacred incantation of the Fates,
which no age shall prove to have been false.

Refuge of Emathia, beloved of Opis' son,
receive the oracle which speaks the truth
which the sisters show to you this joyful day.
Soon Hesperus will come to you
bringing longed-for gifts to married couples.
Your wife will come with a happy star
to calm your spirit with soul-bending love
to lie in sweet sleep with you
placing her smooth arms beneath your neck.
No house ever sheltered such lovers
no love joined lovers in such a bond.
Such a heart-meeting joins Peleus with Thetis.
Achilles the fearless shall be born to you
whose enemies shall know his breast rather than his
    back.
Achilles, who shall outrun the hind.
No hero shall confront Achilles in war
when the Phrygian plains flow with Teucrian blood
when Pelops' third heir besieges the walls of Troy

The Poems of Catullus 64 continued

as réaltaí drithleacha.
Dála Théiséis, áfach, dhall scamall bróin a intinn
agus lig sé i ndearmad na haitheanta go léir
a choinnigh sé ina chroí roimhe sin
agus níor thug sé an comhartha dá athair a bhí faoi
    bhuairt
go raibh sé ag teacht go slán sábháilte fad le cuan
    Erechte.
Mar, tá sé á rá, de réir mar d'fhág a árthach múrtha a
    bhandé,
fad a bhí a mhac á chur ar iontaoibh na ngaoth ag
    Aegeus,
gur thug sé na horduithe seo a leanas don óganach:

Slán Aegeus lena mhac Téiséas
'A mhic, a aonmhic, is gile liom tú ná an saol dá fhad é,
a mhic mo chroí, gur gá dom tú a sheoladh chun guaise,
a mhic, nár tugadh ar ais dom go dtí anois i bhfíor-earr
    mo sheanaoise,
ós iad mo fhortún féin agus do chuidse crógachta
faoi deara tú a stracadh anois uaim, a mhic, nach bhfuil
mo shúile fanna sách lán de do phictiúr dil go fóill,
ní cheadóidh mé tú d'imeacht uaim de chroí éadrom
    áthasach
ná ní ligfidh mé gur tusa a iompróidh na comharthaí
    dea-fhortúin.
Ach cuirfead mórán caoineachán de mo chroí i dtús
    báire,
cuirfead cré agus deannóid ar mo bhaithis liath.
Dá aithle sin, crochfad seolta dorcha ar chrann fáin do
    loinge
agus, sa tslí sin, is comhartha ar scéal mo dhobróin agus

purpureaque procul nantes ab luce refulgent,
sic tum uestibuli linquentes regia tecta
ad se quisque uago passim pede discedebant.

quorum post abitum princeps e uertice Peli
advenit Chiron portans siluestria dona:
nam quoscumque ferunt campi, quos Thessala magnis
montibus ora creat, quos propter fluminis undas
aura parit flores tepidi fecunda Fauoni,
hos indistinctis plexos tulit ipse corollis,
quo permulsa domus iucundo risit odore.
confestim Penios adest, uiridantia Tempe,

Tempe quae siluae cingunt super impendentes,
naiasin linquens Doris celebranda choreis,
non uacuus: namque ille tulit radicitus altas
fagos ac recto proceras stipite laurus,
non sine nutanti platano lentaque sorore
flammati Phaethontis et aeria cupressu.
haec circum sedes late contexta locauit,
uestibulum ut molli uelatum fronde uireret.
post hunc consequitur sollerti corde Prometheus
extenuata gerens ueteris uestigia poenae
quam quondam silici restrictus membra catena
persoluit pendens e uerticibus praeruptis.
inde pater diuum sancta cum coniuge natisque
aduenit, caelo te solum, Phoebe, relinquens
unigenamque simul cultricem montibus Idri:
Pelea nam tecum pariter soror adspernata est
nec Thetidis taedas uoluit celebrare iugalis.

qui postquam niueis flexerunt sedibus artus,
large multiplici constructae sunt dape mensae,

in a far-distant war.
Mothers will speak his deeds
at the funerals of their sons
as they let out their hair
and strike their breasts.
Just as the farmer cuts the thick ears of corn,
under the burning sun scythes down the yellow fields,
so shall Achilles scythe down the sons of Troy.
The wave of Scamander which pours into the
Hellespont shall witness his great deeds. He will narrow
the channel with piles of dead and warm the deep
torrents with blood.

The prize given to him in death shall also be a witness.
The barrow shall receive the white limbs of the
slaughtered girl.
When fortune empowers the Greeks to loose the liquid
chains of Troy the high tomb shall ooze the blood of
Polyxenia. She, like a victim falling beneath the steel,
shall bend her knee and lower her body.
Come then. Join the loves which your souls long for. Let
the husband receive the goddess in a happy contract. Let
the bride be given to her burning husband.
She will not be able to put yesterday's ribbon around
her neck when her nurse visits her in the morning. Nor
will her mother, sad that the bride is lying alone, give up
hope of grandchildren.

Long ago the Fates sang their prophetic song, which
told of happiness for Peleus. In those days, before people
learned to hate religion, the gods might visit the homes
of heroes and show themselves to mortal men. Often

ar an tine atá ar lasadh i mo chroí an canbhás a bheith faoi
     smál meirgeach na hIbéire.
Ach ise a mhaireann in Itonus na naomh, ise a dheonaíonn
an cine againn agus ionaid chónaithe Erechtheus a
     chosaint,
má thoilíonn sise go spréifeá fuil an tairbh ar do
     dheaslámh,
ansin déan cinnte dhe go mairfidh na horduithe seo uaim,
     agus
coinnigh iad go haireach i do chroí, agus nár chuire aon
     fhad ama aon doiléiriú orthu:
a luaithe a líonfaidh léargas ár gcnoc do shúile, áfach,
féach chuige go mbainfear anuas a gcuid éadaigh dóláis de
     na slata seoil
agus go n-ardóidh an téadra casta seolta bána ar an rigeáil;
ionas go n-aithneoidh mé láithreach na comharthaí áthais
agus go gcuirfead tú faoi rath arís i do theach.'

Comhlíonadh mhallacht Ariadne
Rinne Téiséas na haitheanta seo a choimeád ina aigne
     go stuama
i dtosach; ach scaradar lena chuimhne amhail néalta a
     siabtar
le siota den ghaoith ó mhullach ard sléibhe faoi bhrat
     sneachta.
Dála an athar, le linn dó léargas a lorg ó uachtar a
     dhúnárais,
a shúile mórthnútha á gcnaí sna tuilte deor gan
     sámhnas,
nuair a fuair sé a chéad radharc ar chanbhás an tseoil
     smálaithe,
theilg sé é féin i ndiaidh a mhullaigh ó bharr na
     gcarraigeacha

cum interea infirmo quatientes corpora motu
ueridicos Parcae coeperunt edere cantus.
his corpus tremulum complectens undique uestis
candida purpurea talos incinxerat ora,
at roseae niueo residebant uertice uittae,
aeternumque manus carpebant rite laborem.
laeua colum molli lana retinebat amictum,
dextera tum leuiter deducens fila supinis
formabat digitis, tum prono in pollice torquens
libratum tereti uersabat turbine fusum,
atque ita decerpens aequabat semper opus dens,
laneaque aridulis haerebant morsa labellis
quae prius in leui fuerant exstantia filo.
ante pedes autem candentis mollia lanae
uellera uirgati custodibant calathisci.
haec tum clarisona uellentes uellera uoce
talia diuino fuderunt carmine fata,
carmine perfidiae quod post nulla arguet aetas:

o decus eximium magnis uirtutibus augens,
Emathiae tutamen opis, clarissime nato,
accipe quod laeta tibi pandunt luce sorores,
ueridicum oraclum. sed uos, quae fata secuntur,
currite ducentes subtegmina, currite, fusi.

adueniet tibi iam portans optata maritis
Hesperus, adueniet fausto cum sidere coniunx,
quae tibi flexanimo mentem perfundat amore
languidulosque paret tecum coniungere somnos
leuia substernens robusto bracchia collo.
currite ducentes subtegmina, currite, fusi.

the father of gods came down again in his shining temple. When annual feasts occurred on his days, he saw a hundred bulls fall. Often, roaming on Parnassus, Liber drove the Thyades with flying hair, when the people of Delphi, rushing from the town, welcomed the god with smoking altars. Often, in time of war, Mavor's or Triton's woman or the Rhamnusian virgin incited men to take up arms. But when crime disfigured the earth, and greed expelled justice from men's souls, and brothers' hands were stained with the blood of brothers, the son stopped mourning his parents' death, the father imagined his son's death so that he could enjoy his bride. The impious mother lies down with her unknowing son and does not fear to blaspheme her family's gods. Now right and wrong were mixed up together—in a concoction of pure madness. It turned us away from the righteous heart of the gods. For this reason they feel it unworthy of them to visit such groups, or suffer themselves to be touched by the light of day.

Ronan Sheehan

tar éis gur chreid sé go raibh droch-chríoch tagtha ar
   Théiséas.
Maidir le Téiséas cróga, le linn dó dul isteach ina áit
   chónaithe
a bhí ina theach báis toisc bás a athar, d'fhulaing sé
   oiread méala
is a bhí a dhíth aireachais féin tar éis a thabhairt le
   fulaingt d'iníon Mhíonóis.
Lena linn sin ar fad, bhí a súile sise dírithe ar an long
   bhrónach
a bhí ag dul ó radharc, agus í ag cur iliomad cúram trína
   croí gonta.

Bacchus agus a lucht leanúna
I gcuid eile den táipéis, feictear Bacchus i mbláth na
   hóige
ag fáinneáil thart lena bhuíon ragairneach de na Satyr
   agus de na Silení ó shliabh Nysa,
ar do lorg, a Ariadne, agus é splanctha le grá dhuit,
iad ag rith thart anseo is ansiúd le gach 'Evoe!' 'Evoe!'
agus iad ag léim le barr mire agus ag croitheadh a
   gceann;
bhí cuid acu a raibh sleánna le reanna cumhdaithe á
   mbeartú acu,
cuid acu a chaith thart baill bheatha bulláin
   mhartraithe,
cuid eile a d'fheistigh nathracha ina lúba thart orthu
   féin;
bhí cisteoga tolla ar iompar ag cuid eile acu, lenar
   chleachtadar
pléarácaí os íseal, pléarácaí ar go fánach a shantaigh an
   dream
éagráifeach tuairisc a fháil orthu;

nulla domus tales unquam contexit amores,
nullus amor tali coniunxit foedere amantes
qualis adest Thetidi, qualis concordia Peleo.
currite ducentes subtegmina, currite, fusi.

nascetur uobis expers terroris Achilles,
hostibus haud tergo, sed forti pectore notus,
qui persaepe uago uictor certamine cursus
flammea praeuertet celeris uestigia ceruae.
currite ducentes subtegmina, currite, fusi.

non illi quisquam bello se conferet heros,
cum Phrygii Teucro manabunt sanguine campi
Troicaque obsidens longinquo moenia bello
periuri Pelopis uastabit tertius heres.
currite ducentes subtegmina, currite, fusi.

illius egregias uirtutes claraque facta
saepe fatebuntur gnatorum in funere matres,
cum incultum cano soluent a uertice crinem
putridaque infirmis uariabunt pectora palmis.
currite ducentes subtegmina, currite, fusi.

namque uelut densas praecerpens messor aristas
sole sub ardenti flauentia demetit arua,
Troiugenum infesto prosternet corpora ferro.
currite ducentes subtegmina, currite, fusi.

testis erit magnis uirtutibus unda Scamandri,
quae passim rapido diffunditur Hellesponto,
cuius iter caesis angustans corporum aceruis
alta tepefaciet permixta fiumina caede.

After 64: Ariadne to Theseus

Above a deserted beach and pounding waves,
lover, your wretched Ariadne grieves.
Abruptly waking, knowing that you were gone,
in rising panic down to the shore I ran,
frantic and dumbfounded, only to find
your flapping ship already far from land;
for while I dozed in a warm reverie
you had already risen and put to sea.
Distraught and furious, my hair undone,
I stood there screaming like a madwoman,
like some wild Maenad, while the waves rose
to thigh and nightie and my heart froze
to see you go, I with my failing strength
who saved you from the deadly labyrinth.
Now here I shiver with my broken dreams,
alone till the kind god Dionysus comes.

Derek Mahon

The Poems of Catullus 64 continued

bhí daoine eile a bhuail tiompáin le dearnain ardaithe,
nó a bhain clonscairt ghlé as cruinn-chiombail cré-umha;
shéid mórán acu bonnáin gharbh-doird, agus ba chaointeach
an gheoin ghránna ón bpíob bharbarach.

Liam Prút

Filleadh chuig scéal na bainise; imeacht na n-aíonna daonna agus teacht na n-aíonna neamhshaolta
B'shin iad na fíoracha a mhaisigh go taibhseach
an súsa a chlúdaigh agus a thaiscigh leaba na lánúine.
Iar stánadh go díochrach ar a leithéidí d'iontaisí,
siúd iad na hóigfhir Theasálacha ag géilleadh slí do na déithe
    gan cháim.
Ansan, de réir a chéile, suaitheann gaoth aniar na maidine
an bhóchna shocair, is fiarann a dromchla ina thonnta farraige
faid a bhreacann an lá trí phóirsí na gréine 's í ag éirí.
Corraíonn an leoithne chneasta an t-uisce ar dtúis;
tionlacann an t-uisce a ghluaiseacht féin le portaireacht bhinn
    an gháire.
Neartaíonn an ghaoth agus brúitear le chéile miontonnta na
    farraige,
agus ansúd, i bhfad ón láthair, lonraíonn a ngile faoin solas glé
    dearg.
Mar sin, fágaid an pálás ríoga agus iompaíd a gcosa fánacha
ón mbábhún i ngach aird, ag déanamh ar a dtithe féin.
Agus na haíonna imithe, tháinig i dtosach báire, Chiron,
ó bharra Chruach Peleus, agus tabharthaisí coille ar iompar
    aige:
na bláthanna go léir a fhásann sna móinéir i ndúthaigh
    fhairsing na Teasáile
ar a sléibhte ollmhóra, agus bláthanna na n-insí cois abhann
a chothaíonn an ghaoth bhog thorthúil le scairdeadh na

currite ducentes subtegmina, currite, fusi.

denique testis erit morti quoque reddita praeda
cum teres excelso coaceruatum aggere bustum
excipiet niueos percussae uirginis artus.
currite ducentes subtegmina, currite, fusi.

nam simul ac fessis dederit fors copiam Achiuis
urbis Dardaniae Neptunia soluere uincla,
alta Polyxenia madefient caede sepulcra,
quae, uelut ancipiti succumbens uictima ferro,
proiciet truncum summisso poplite corpus.
currite ducentes subtegmina, currite, fusi.

quare agite optatos animi coniungite amores.
accipiat coniunx felici foedere diuam,
dedatur cupido iam dudum nupta marito.
currite ducentes subtegmina, currite, fusi.

non illam nutrix orienti luce reuisens
hesterno collum poterit circumdare filo
currite ducentes subtegmina, currite, fusi
anxia nec mater discordis maesta puellae
secubitu caros mittet sperare nepotes.
currite ducentes subtegmina, currite, fusi.

talia praefantes quondam felicia Pelei
carmina diuino cecinerunt pectore Parcae.
praesentes namque ante domos inuisere castas
heroum et sese mortali ostendere coetu
caelicolae nondum spreta pietate solebant.
saepe pater diuum templo in fulgente, reuisens

n-uiscí ar a mbruacha.

Thug sé féin isteach iad, iad fite fuaite trína chéile ina
    bhfleascanna,

gan ord gan eagar, agus gháir an tigh le meidhir ar bhalathú na
    cumhrachta áille.

Láithreach bhí Penios ann iar fhágaint Tempe iathghlais,

gleann Tempe atá timpeallaithe lastuas ag foraoiseacha na
    mbeann,

is atá fágtha fés na síofraí Dóracha, na rinceoirí sí.

Is ní gan tabharthaisí a tháinig: óir thug sé leis gona
    bpréamhacha go hiomlán,

crainn ghroí arda feá agus crainn labhrais na stoc caolard,

crainn plána a chraitheann, poibleog luaineach

(driofúr Phaeton na síorlasrach) agus cufróg bhuacach.

D'fheistigh sé iad san ar fuaid an pháláis ríoga

chun go mbeadh an bábhún ar maos le glaise an duilliúir
    rábaigh.

Ina dhiaidh siúd Prometeus na haigne críonna

agus na seana-chréachta air ón bpíonós a gearradh air i bhfad
    siar

nuair a ceanglaíodh a ghéaga laistiar de charraigreacha loma, le
    slabhra,

agus gur fágadh mar sin é ar crochadh ós na beanna creagacha.

Ansan is ea tháinig Athair na ndéithe lena chéile naofa agus lena
    gclann,

agus fágadh tusa, a Phoebus, it aonar ar neamh,

agus do dhriofúr dhílis, leis, a mhaireann ar bheann Idrus.

Do dhála féin, ba mhór é a drochmheas ar Peleus,

ná níorbh áil léi freastal ar thóirsí pósta Thetis.

Bandéithe na Cinniúna faoi réir

Shíneadar siar, mar sin, ar na toilg ghlébhána ríoga,

annua cum festis venissent sacra diebus,

conspexit terra centum procumbere tauros.

saepe uagus Liber Parnasi uertice summo

Thyiadas effusis euantis crinibus egit,

cum Delphi tota certatim ex urbe ruentes

acciperent laeti diuum fumantibus aris.

saepe in letifero belli certamine Mauors

aut rapidi Tritonis era aut Rhamnusia uirgo

armatas hominum est praesens hortata cateruas.

sed postquam tellus scelere est imbuta nefando,

iustitiamque omnes cupida de mente fugarunt,

perfudere manus fraterno sanguine fratres,

destitit exstinctos natus lugere parentes,

optauit genitor primaeui funera nati

Liber ut innuptae poteretur flore nouercae,

ignaro mater substernens se impia nato

impia non uerita est diuos scelerare parentes,

omnia fanda nefanda malo permixta furore

iustificam nobis mentem auertere deorum.

quare nec talis dignantur uisere coetus

nec se contingi patiuntur lumine claro.

agus bhí na boird lán suas de shólaistí de gach saghas go
    flúirseach,
agus na Parcae, lena linn sin, agus a gcolainneacha ar
    craitheadh,
scaoileadar uathu cantaireacht fháidhiúil.
Bhí róbaí bána ag clúdach a gcolainneacha is iad ar crith,
agus fáithimí corcairdhearga ag cloí le haltanna a gcos,
is bhí bandaí dearga suite ar a gceanna liatha,
faid is bhí a lámha faoi bhroid lena gcuid oibre síoraí:
sa láimh chlé bhí an coigeal is é clúdaithe le holann bhog;
bhí an lámh dheas ag tarrac amach na snáithe go deas
    réidh,
is chuir crot uirthi le méara a bhí iompaithe in airde; ansan
    leis an ordóig,
a bhí iompaithe anuas, do rothláil an fhearsaid gona tromán
    a chothromaigh,
agus ghearradar snáithíní fánacha lena bhfiacla chun slacht
    a chur ar an saothar.
Agus fós bhí scáinní olla greamaithe dá mbeola seasca,
tar éis dóibh iad a stathadh lena bhfiacla den snáth mín.
Agus ag a gcosa bhí lomraí boga d'olann ghlégheal
agus iad slán i gciseáin caolaigh.
De réir mar a bhuaileadar an olann, chanadar de ghuth
    léir,
agus scaoileadar chúcha cantaireacht diaga na Cinniúna,
cantaireacht ná cuirfear choíche ina leith aon éitheach.
                         Dónall Ó Cuill

Amhrán Bhandéithe na Cinniúna
Tusa a chuireann barr maise ar d'ardchliú
le héachtaí mórmhaitheasa,
múr cosanta Emathia
a bhfuil gean mhic Op ort,

glac an lá gealgháireach seo fírinne na fáistine
a nochtann bandéithe na Cinniúna duit,
    ach ná staonaigí a fhearsaidí
    ag sníomh snáth urlamh na Cinniúna,
    a fhearsaidí ná staonaigí.

Ní fada go dtriallfaidh Hesperus ort,
Hesperus, tíolacthóir na bhféiríní don lánúin,
do bhrídeog faoi réalt an tsonais
ag báthadh do spiorad le díocas grá,
'do mhealladh chun tromluí suain,
do mhuinéal urrúnta
cuachta ina baclainn mhín.
    Ach ná staonaigí a fhearsaidí
    ag sníomh snáth urlamh na Cinniúna,
    a fhearsaidí ná staonaigí.

Níor lonnaigh grá in áras fós,
níor threise ariamh cumann leannán,
ná cumann Peleus le Thetis, Thetis le Peleus
    Ach ná staonaigí a fhearsaidí
    ag sníomh snáth urlamh na Cinniúna,
    a fhearsaidí ná staonaigí.

Saolófar mac díbh nach n-iompróidh faitíos
Aichill, nach óna dhroim ach a bhrollach teann
a aithneoidh a naimhde é,
a scoithfidh eilit na gcos tintrí,
ag gnóthú na craoibhe ó chách sa choimhlint.
    Ach ná staonaigí a fhearsaidí
    ag sníomh snáth urlamh na Cinniúna,
    a fhearsaidí ná staonaigí.

Ní bheidh fear a chloíte ann san ár,
tráth a mbeidh sreabha Fhrigia go bruach le fuil
    Teucriach,
agus ballaí na Traoi ina smionagar
ag triú oidhre Pelops,
théis cogadh fadálach agus léigear.
    Ach ná staonaigí a fhearsaidí
    ag sníomh snáth urlamh na Cinniúna,
    a fhearsaidí ná staonaigí.

Nach rímhinic a admhóidh máithreacha
éachtaí agus gníomhartha iomráiteacha an laoich,
ag tarraingt a bhfolt stoithneach dá mullaigh chríona,
ag goineadh a mbrollach seargtha le lámha gan éitir,
ós cionn coirp a gclann mhac sínte.
    Ach ná staonaigí a fhearsaidí
    ag sníomh snáth urlamh na Cinniúna,
    a fhearsaidí ná staonaigí.

Mar amhail a theascann an talmhaí
an t-arbhar órga faoin ngréin loiscneach,
ag tiomsú na ndias aibí,
is amhlaidh a liocfaidh sé chun talún
coirp chlann Traoi le faobhar iarainn.
    Ach ná staonaigí a fhearsaidí
    ag sníomh snáth urlamh na Cinniúna,
    a fhearsaidí ná staonaigí.

Abhainn Scamander ag brúchtadh roimpi isteach
i sruth tréan Hellespont a bheidh ina fianaise dá éachtaí
    gaile,
an sunda go dtachtfaidh sé le coirp carnaithe,

bogfaidh a gcuid fola a n-uiscí doimhne.
Ach ná staonaigí a fhearsaidí
ag sníomh snáth urlamh na Cinniúna,
a fhearsaidí ná staonaigí

Fianaise freisin, fá dheoidh, an duais a ceapfar dó ón mbás,
tráth a n-ísleofar géaga aolgheala na maighdine
sa chré carnaithe go hard.
Ach ná staonaigí a fhearsaidí
ag sníomh snáth urlamh na Cinniúna,
a fhearsaidí ná staonaigí.

Óir a thúisce a neartaíonn fortún
lámh thraoite na nAicéach le múr Neiptiúin
fá bhaile na Traoi a réabadh,
go mbáthfar an t-ardthuama le fuil Polysena.
Amhail íobartach ag titim faoi fhaobhar lainne
feacfaidh a glúin agus cromfaidh a colainn
dícheannaithe.
Ach ná staonaigí a fhearsaidí
Ag sníomh snáth urlamh na Cinniúna,
a fhearsaidí ná staonaigí.

Más ea, mar sin, snaidhmtear an grá
a shantaíonn bhur n-anama,
go nglacfaidh an fear an bandia i mbannaí sonais
tugtar an bhrídeog ar láimh lom láithreach
dá céile a bhfuil a dhúil inti.
Ach ná staonaigí a fhearsaidí
ag sníomh snáth urlamh na Cinniúna,
a fhearsaidí ná staonaigí.

Tráth a dtiocfaidh an bhanaltra chuici le maidneachan lae
ní chuirfidh sí an ribín faoina muinéal mar dhéanadh,
ná an mháthair, in imní agus faoi bhrón
ag luí aonair na brídeoige gan taise,
ní thráthfaidh a dóchas choíche ar shliocht ionúin,
ach ná staonaigí a fhearsaidí
ag sníomh snáth urlamh na Cinniúna,
a fhearsaidí na staonaigí.

Mícheál Ó Cuaig

Ceangal
Sa tseanaimsir, d'fhógair na Parcae
óna gcroíthe diaga dea-chinniúint do Peleus.
Ba ghnáth san am sin, nuair a bhí meas fós ar dhiagantacht,
go dtugadh sluaite na bhflaitheas cuaird
faoi chruth dhaonna ar thithe na laoch.
Ba mhinic, agus é ar cuairt ina theampall lonrach
do dheasgnátha bliantúla a fhéile, go bhfaca athair na nDéithe
céad tarbh ag titim go talamh in ómós dó.
Ba mhinic, is é ar an bhuaic ab airde ar chnoc Pharnassus
a threoraigh an fánaí, Liber, a Bhanbhachairí,
a bhfoltanna ag foluain, iad ag canadh 'Bacas',
agus pobal iomlán na cathrach ag fáiltiú go fonnmhar
roimh a nDia le deatach na n-altóirí.
Go minic, le linn cogaidh uafair mharfaigh,
thagadh Mavors nó Minerva, ceannasaí abhainn mhear Triton,

nó Nemesis, ag gríosadh an airm chun crógachta.
Ach taréis don domhan a bheith faoi smál ó choir urghránna
agus fíréantacht éalaithe ó chroíthe santacha
agus deartháir ag ní a lámha i bhfuil a dhearthár,
agus an mac ag déanamh neamhshuim do ghnás adhlactha a thuismitheoirí,
agus tuismitheoir ag tnúth le bás a chéadmhic
chun gur leis féin feasta mar bhaintreach an bhanchliamhain óg,
agus an mháthair aindiach ag luí lena mac aineolach,
í gan eagla is í ag satailt ar dhéithe an teallaigh agus an tí:
mar sin, agus gach rud, idir cheart is mhícheart, measctha i mbuile aindiach,
fuadaíodh uainn meon cothrom na ndéithe:
dá bhrí sin ní háil leo feasta cuairt a thabhairt ar a leithéid de shluaite,
ar eagla go dtruailleofaí iad i loinnir gheal an lae.

Pádraig Ó Máille

The Poems of Catullus 64 continued

GAIUS VALERIUS CATULLUS LXV

Cé go bhfuilim céasta amach ag síorolagón, Hortalus,
agus dúthrachtaí an tsaoil am mhealladh ós na béithe,
ní thagann sé óm aigne torthaí milse na n-ógbhan léannta
a shamhlú, le filíocht a chumadh,
corraithe mar atá le borrthaí troma an aighnis:
luíonn mo dheartháir fuar marbh, agus borradh
ó uiscí Lethe, sruthlú an dearmaid,
mar a bheadh sé ina thuile os cionn a choirp chailce.
Sracadh ónár radharc é, is ar chladaigh Rhoetum,
luíonn ithir na Traoi go trom os cionn a choirp.
An gcloisfidh mé choíche do ghuth binn?
Nach bhfeicfinn choíche tú, a dheartháirín, atá níos giorra
    dom ná an saol féin?
Ach gan amhras beidh grá agam duit le nótaí olagóin,
canfad nótaí dobróin ar do bhás, mar a chaoineann scáthanna
ramhra na ngéaga, an filiméala Daulias ag cantaireacht
faoi chinniúint bhrónach Itylus is mar ar scriosadh é:
ach le linn an bhróin, Hortalus, seolaim chughat
aistriúcháin ar Challimachus, le nach gceapfá gur thit
do chuid foclaibh ó m'aigne, atá caite le leitheadas
na gaoithe: go raibh dearúd déanta agam air.
Mar a bheadh cumhrán úll mar bhronntanas rúnda
ó leannán go leannán, a thiteann ó bhrollach na mnaoi,
áit a raibh sé cumhraithe ag a héadach bog, is ansan de gheit
nuair a thagann a máthair ina treo, léimeann sí ina seasamh
agus titeann an t-úll amach, is go dtapaíonn sé a rince trasna an
    ghairdín,
an fhaid is a bhláthaíonn cumhra dearg ar a cneas brónach.

Dairena Ní Chinnéide

Etsi me adsiduo defectum cura dolore
seuocat a doctis, Ortale, uirginibus,
nec potis est dulcis Musarum expromere fetus
mens animi: tantis fluctuat ipsa malis,
namque mei nuper Lethaeo gurgite fratris
pallidulum manans alluit unda pedem,
Troia Rhoeteo quem subter litore tellus
ereptum nostris obterit ex oculis.
numquam ego te [...]
[...] vita frater amabilior
aspiciam posthac? at certe semper amabo,
semper maesta tua carmina morte canam,
qualia sub densis ramorum concinit umbris
Daulias, absumpti fata gemens Ityli,
sed tamen in tantis maeroribus, Ortale, mitto
haec expressa tibi carmina Battiadae,
ne tua dicta uagis nequiquam credita uentis
effluxisse meo forte putes animo,
ut missum sponsi furtiuo munere malum
procurrit casto uirginis e gremio,
quod miserae oblitae molli sub ueste locatum,
dum aduentu matris prosilit, excutitur;
atque illud prono praeceps agitur decursu,
huic manat tristi conscius ore rubor.

Grief, Hortalus, wears me down.
I am a man of constant sorrow
which chokes my inspiration.
My mind aborts the children,
the sweet children of the Muse,
so weighed down by trouble it is.
Lethe's stream has bathed
my brother's death-pale foot.
The earth of Troy oppresses him
by the Rhoeteum shore.
We shall never see him again.
Dear brother! Will I never
Hear your voice again? More precious
to me, more loved than life itself?
Shall I never see you more?
One thing is certain. I will always
love you. And I will always sing
laments for you, as the Daulian bird
in the shadows of the trees
mourns the fate of Itylus.
And yet, Hortalus, and yet,
even in these wretched days
I send you these lines of Battiades
which I translated lest you think
I had forgotten what you said—
had cast your words to the winds
like the apple a teenage girl
receives from her lover, a secret
present which she hides in her
bosom and forgets. Mother approaches
and she moves forward a little.
The apple falls out. Down it tumbles.
On it rolls and runs. And she blushes.

Ronan Sheehan

Folt Bheirnicé

Conon, a chuardaigh gach léas i bhfairsinge na spéire,
a d'fhoghlaim éirí agus luí na réaltaí,
dorchú na gréine scallta,
cúlú rialta na réaltaí,
caoinghrá ag mealladh Trivia ós na ranna neimhe,
á díbirt go rúnda chuig uaimh chreagach ar Latmus,
chonaic an Conon céanna mé ag lonrú i measc shoilse na
 bhFlaitheas,
is dlaoi gruaige de chuid Bheirnicé mé,
is mé a gheall sí do mhórán bandéithe,
a cuid lámha mánla á síneadh roimpi,
tráth gur imigh an rí, beannaithe ag a phósadh nua,
chun creach a dhéanamh ar thailte na hAisiria,
d'imigh sé le rianta ár mbruíonta oíche
a bhuaigh sé maraon lem mhaighdeanas.
An naimhdeach le brídeoga Véineas? Agus an ndéanann
 siad magadh
faoi lúcháir tuismitheoirí lena ndeora bréige
a chaoineann siad go frasach ag tairseach seomraí leapan?
Go maithe Dia dom é, ach ní chreidim a gcuid olagón.
Mhúin mo bhanríon san dom lena cuid éagaointe,
nuair a d'fhág a céile nua ag triall ar chogadh.
Níorbh toisc tréigean do leapan a shil tú deora,
ach toisc cumha i ndiaidh do dhearthár cheansa,
chreim an bhuairt smior bhog do chroí bhrónaigh.
Chlis ar do mhisneach is chaillis do chiall
ach mar sin féin
d'aithníos an croí téagartha ionat is tú id ghearrchaile.
Nach cuimhin leat an gaisce trínar thuillis pósadh ríoga,
éacht nach dtabharfadh éinne faoi le misneach?
Ba bhrónach do bhriathra ar scaradh led chéile.

Omnia qui magni dispexit lumina mundi,
qui stellarum ortus comperit atque obitus,
flammeus ut rapidi solis nitor obscuretur,
ut cedant certis sidera temporibus,
ut Triuiam furtim sub Latmia saxa relegans
dulcis amor gyro deuocet aerio,
idem me ille Conon caelesti in lumine uidit
e Bereniceo uertice caesariem
fulgentem clare, quam cunctis illa deorum
leuia protendens bracchia pollicita est,
qua rex tempestate nouo auctus hymenaeo
uastatum finis iuerat Assyrios,
dulcia nocturnae portans uestigia rixae
quam de uirgineis gesserat exuuiis.
estne nouis nuptis odio Venus, atque parentum
frustrantur falsis gaudia lacrimulis
ubertim thalami quas intra limina fundunt?
non, ita me diui uera gemunt, iuerint.
id mea me multis docuit regina querelis
inuisente nouo proelia torua uiro.
at tu non orbum luxti deserta cubile,
sed fratris cari flebile discidium?
quam penitus maestas exedit cura medullas!
ut tibi tunc toto pectore sollicitae
sensibus ereptis mens excidit! at te ego certe
cognoram a parva virgine magnanimam.
anne bonum oblita es facinus, quo regium adepta es
coniugium, quod non fortior ausit alis?
sed tum maesta virum mittens quae verba locuta es!
Iuppiter, ut tristi lumina saepe manu !
quis te mutauit tantus deus? an quod amantes
non longe a caro corpore abesse uolunt?

The lock of Berenice

I had hoped that this paper would form part of an
extensive survey of later Early Modern Irish prose. It
quickly became apparent, however, that even if my talent
were equal to the task, the time and energy required are
now beyond me. I discovered the manuscript whose text I
here publish together with a translation some years ago on
one of my regular excursions to the Midlands. The West,
most likely as a result of its romantic associations and
dramatic vistas, has long been ransacked of any artefacts
of value; the dull and boggy Midlands are now the
archaeological philologist's best hope. The scene that greeted
me on entering the Roscommon shack was one out Myles
na gCopaleen. A baby was gurgling on a tuft of hay, and
I thought I caught a glimpse of a pig in the bed. The sole
purpose of the collection of yellowing sheets to which the
manuscript belonged was to serve as wrapping paper for
the eggs on market day. It does nothing but violence to one's
sanity to consider what may already have been lost.

The text as I found it is in two segments. The first is an
attempt at such an historical narrative as fills many of our
annals. The inspiration is classical myth, though of such a
derivative and corrupt sort as to be hardly recognisable;
its subject is the placing of a lock of Queen Berenice's hair
as a constellation in the sky. The second part, in a different
hand, is closely related in subject matter to the first, though
markedly different in form and style: here the lock directly
addresses the reader and bemoans her fate. The author is
familar with Augustine's De Doctrina Christiana, but much
of the reasoning is unsteady and barbarous. Despite their
questionable literary value, I hope that these fragments will
be of interest to scholars and laypeople alike.

Nach minic, a Iúpatair, a ghlan tú na deora le do lámh!

Cén dia a chuir sa riocht seo tú? Nach géar mar a
  fhulaingíonn

leannán, agus a grá geal i gcéin?

agus ansin d'ofráil tú mé, ní gan fuil na dtáinte, dos na
  déithe

go léir ar son shábháilteacht d'fhir chéile

dá gcinnteodh san a fhilleadh. Níorbh fhada

go raibh an Áis faoi chois aige, maraon le tailte na hÉigipte.

Deineadh san; agus anois tugadh mé mar a gealladh do
  bhuíon Neimhe

mar chúiteamh ar do sheangheallltanas, mar íobairt nua.

Go drogallach, a Bhanríon, a scaradh ó do bhaithis mé,

Go drogallach, dar mo leabhar, geallaim duitse agus dod
  cheann,

Dá ndéanfadh éinne amhlaidh go baoth, go bhfaighe sé a
  bhfuil tuillte aige.

Ach cé a d'áiteodh go bhfuil sé chomh láidir le cruach?

Leagadh an sliabh is mó sa tír seo

a thrasnaíonn maicín bán Thia,

nuair a chruthaigh na Medes farraige nua agus nuair a
  sheol

ógánaigh na Peirse a loingeas trí lár Athos.

Cad a dhéanfaidh dlaoithe gruaige, nuair a ghéilleann a
  leithéid seo do chruach?

A Iúpatair, ar chine Chalybes agus ar siúd a thosaigh

ag tóraíocht síog faoi thalamh chun barraí iarrainn a
  ghaibhniú, guím íochtar Ifrinn orthu.

Ailbhe Ní Ghearbhuigh

atque ibi me cunctis pro dulci coniuge diuis

non sine taurino sanguine pollicita es,

si reditum tetulisset. is haut in tempore longo

captam Asiam Aegypti finibus addiderat.

quis ego pro factis caelesti reddita coetu

pristina uota nouo munere dissoluo.

inuita, o regina, tuo de uertice cessi,

inuita: adiuro teque tuumque caput:

digna ferat quod si quis inaniter adiurarit:

sed qui se ferro postulet esse parem?

ille quoque euersus mons est quem maximum in oris

progenies Thiae clara superuehitur,

cum Medi peperere nouum mare, cumque inuentus

per medium classi barbara nauit Athon.

quid facient crines, cum ferro talia cedant?

Iuppiter, ut Chalybon omne genus pereat,

et qui principio sub terra quaerere uenas

institit ac ferri fingere duritiem!

abiunctae paulo ante comae mea fata sorores

lugebant, cum se Memnonis Aethiopis

unigena impellens nutantibus aera pennis

obtulit Arsinoes Locridicos ales equos,

isque per aetherias me tollens auolat umbras

et Veneris casto conlocat in gremio.

ipsa suum Zephyritis eo famulum legarat,

Graia Canopiis incola litoribus,

hic iuuenes Ismario ne solum in limine caeli

ex Ariadneis aurea temporibus

fixa corona foret, sed nos quoque fulgeremus

devotae flaui uerticis exuuiae,

uuidulam a fletu cedentem ad temple deum me

sidus in antiquis diua nouum posuit:

Now when at the beginning all the lights had been set in the great welkin, and the risings of the stars and the settings had been established, then darkened at times was the quick sun's flaming splendour, and the stars yielded at set times. And between the Lion, the Virgin, the Wagoner and the Bear a concealed starless place was left behind. Then, many years later, Berenice, the daughter of the king of Cyrene, applied much scent to her person, when still a virgin, though the scent was of a cheap kind. And for her virgin spoils did Ptolemy, the king of Egypt, wage a struggle of the night, in such a feisty struggle as is nightly waged with one same victor ever emerging. And it was then already the season when increased, enriched, with his new marriage, the king went to accomplish the plunder, sacking, and effacement of Assyria, head of all Asia in dignity and supremacy. Thereupon Berenice, now the queen, promised her flowing and luxuriant hair to many of the goddesses if he should return safely from the battles, and doing so she stretched out her smooth arms. He in a short time added Asia to the territories of Egypt, whereupon she cut off some locks, with a knife of alloyed iron. Then the West Wind, in form like unto a winged horse, appeared and struck the air with bobbing, swaying, wavering wings and took up the locks and placed them in the chaste lap of Venus. Then she took the locks and placed them, still wet from the sparkling spray, between the Lion, the Virgin, the Wagoner and the Bear, as new stars among the ancient ones. Therewith a famed man, wise, subtle, far-seeing— to wit, Conon—espied the new stars in the heavens, among the rising stars and the setting, as they yielded

Goltraí á crochadh ag mo chlann siúracha,
mo chomhdhlaíóga m'éagaoin mar gur dual dúinn
    scaradh,
nuair a sheas ar an láthair deartháir Memnon Aetópach,
each eiteogach Arsinoe Locris,
sciatháin ar foluain, sciob leis mé, d'eitil ar chosa in airde
fríd spéarthaí neimhe gur leag i bhfochras geanmnaí
    Véineas mé.
Chuige seo chuir Bantiarna Zephyrium, An Ríon
    Ghréagach
a fhanann faoi chladaigh Chanopus, chuir sí a teachtaire
    féin.
Chuir Bandia Véineas a lonrú mé imeasc iliomad soilse
    neimhe,
chomh ghlórdha leis an choróin órga ó éadan Ariadne,
mise creach chinn sholasta Bheirnicé,
mise féin, tonn-thais, aistrithe go dúichí na nDéithe,
mise féin mar chnuas réaltógach úr nua
lonnaithe i measc na réaltaí ársa.
Taobh le tinte na hÓighe agus an Leon ar mire,
cóngarach do Callisto níon Lycaon,
gluaisim i dtreo mo shuímh ag soilsiú an bhealaigh os
    comhair Bhoötes mhalltriallaigh, an Tréadaí Damh,
nach dtomann san fhodhomhan i ndoimhneacht na
    hoíche.
Gidh go dtagann coiscéimeanna na nDéithe do mo bhrú
    san oíche
agus go mbím ar ais ag Tethys cúrach le solas an lae,
le do thoil agus le do mhórmhaitheas lig dom labhairt,
a Óighe Rhamnus bí ceansa agus éist liom;
(ar eagla na bréige ní cheilfinn an fhírinne,
ní cheilfinn fiú dá réabfadh na réaltaí
as a chéile mé le briathra fíochmhara,

Virginis et saeui contingens namque Leonis
lumina, Callisto iuncta Lycaoniae,
uertor in occasum, tardum dux ante Booten,
qui uix sero alto mergitur Oceano.
sed quamquam me nocte premunt uestigia diuum,
lux autem canae Tethyi restituit,
(pace tua fari hic liceat, Rhamnusia virgo:
namque ego non ullo uera timore tegam,
nec si me infestis discerpent sidera dictis,
condita quin ueri pectoris euoluam)
non his tam laetor rebus quam me afore semper
afore me a dominae uertice discrucior,
quicum ego, dum uirgo quondam fuit, omnibus expers
unguentis, una milia multa bibi.
nunc vos optato quom iunxit lumine taeda,
non prius unanimis corpora coniugibus
tradite nudantes reiecta ueste papillas,
quam iucunda mihi munera libet onyx,
uester onyx, casto colitis quae iura cubili.
sed quae se impuro dedit adulterio,
illius ah mala dona leuis bibat irrita puluis:
namque ego ab indignis praemia nulla peto.
sed magis, o nuptae, semper concordia uestras,
semper amor sedes incolat adsiduus.
tu vero, regina, tuens cum sidera diuam
placabis festis luminibus Venerem,
sanguinis expertem non siris esse tuam me,
sed potius largis affice muneribus.
sidera cur iterent utinam coma regia fiam
proximus Hydrochoi fulgeret Oarion.

and turned with them at set times, and the glancing of his eyes passed straight to the new constellation in the welkin.

What now? She is below. In the world, you might say. I, by an injunction of the gods, am above. The Weltschmerz that comes from Weltanschauung. The gods aren't to blame though. Mainly it's my mistress' fault. Myopic mistress. My fons et origo.

I cannot speak here, only write. How can I write? I don't know. I am a sign, that much is certain. But of what a sign? I am at a loss. And yet if I have learnt anything in my time, it is that, when certainty is lacking, an accumulation of instances can be persuasive. The facts are there, we must stick to the facts, break them into stages, the beginning, the middle, and so on.

To recall how it came about that I am here: I was a thing—as I am now, I admit—but a pure thing, or rather purely a thing. I occupied my perch on her poll with pride. She applied scents to her skin, and I for my part enjoyed their smells. What smells! I must have been absorbing them. I happily absorbed that warm air rising fragrantly, warmed by my mistress' warm body.

After a time I came to watch her. Perhaps becoming used to the scents, though I didn't think so then. Indeed more than ever I drank them up, like a cat. In any case, as I watched I noticed her tears, at times flowing, at times dripping. The god help me, I couldn't miss them, with her getting them on me through her hands or even using me directly sometimes, to dry the eyes.

Later I watched her and her husband. I played an uncomfortable part in their nightly tangles. Not soon after, her husband was off gallivanting. Happy to hear of her tears, I'm sure. Did he know what they meant?

ní éistfinn ach ag ríomh rún rúnda croí dhílis);
ní ag ceiliúradh atá mé ach ag mairgneach
gur dhual dom a bheith scartha, scartha go deo
ó chloigeann mo Bhantiarna;
in anallód agus í go fóill ina maighdean,
meallta ag gach cineál cumhrachta,
d'ól mé féin na mílte míle acu.

I dtaca libh féin de a mhaighdeana, nuair a lastar
   lóchrann na bainise,
ná déanaigí bhur leathnú féin roimh cholainn na
   nuachar,
ná bainigí díbh agus uchtacha nochta
sula n-ofrálfar bronntanais chugam ón chrúiscín oinisce,
an crúiscín ar dual daoibhse é a bhfuil ómós agaibh don
   phósadh gan cháim.
I dtaca léi siúd de atá tugtha don adhaltranas lofa,
go n-óla an deatach a hofrálacha suaracha,
ní iarraim bronntanais óna leithéid.
A Bhrídeacha Córa! Go maire síocháin faoi dhíon an tí
agus buanghrá faoi bhláth in bhur gcroí.
Impím ort a Bhanríon ionúin agus tú ag adhradh
   Véineas le lampaí féiltiúla lasta,
go gcuimhneoidh tú ar do shearbhónta dhílis,
clúdaigh le cumhrachtaí mé,
dáil bronntanais as cuimse orm.
Cad chuige na réaltaí do mo chiapadh i bhfos?
Nár ró-aoibhinn liom a bheith ar ais im dhlaíóg gruaige
ar cheann ceanúil na banríona!
Cead ag Oiríon spalpadh taobh le Aquarius!

             Nuala Reilly

She must miss the marriage-bed. I knew her better. As a brother, that was how she wanted him. It was the separation from her new dear brother that she mourned. Why I don't understand. Some mysteries are not for stars or locks. She promised to cut me off on his return, should he return.

Here I am then. It's boring enough orbiting. I'd die for an elliptical orbit. Girls offer me tokens before their weddings, I suppose that's diverting. Onyx jars, containing scent. Curious that it's signs they offer me, a sign. Why bother? I have my theories. Not without pain was I disjoined, pain is to be expected. Expected for the young girls with onyx jars, then later women. For me by a knife of alloyed iron. Reality at the joints, the philosophers say. I cursed all iron, but the iron was incidental. Does she think of me, what I mean, up here from her? Listen to me, I'm above, why should I expect anything from her, expect to understand her actions, and those of the girls, and even my own at the time of our linking? But, I am sure of this too, she is unaware of what she has caused.

From accident to mover, it's not bad, I know. But I wasn't accident, just substantial part, meagre part, yes perhaps, but what a part, those scents! I am stuck in an airy gyre. It's tough being a tuft. But what kind of tuft is in fact a constellation? Difference of kind. A long time locks, a short time tuft, forever stars.

Does my reason for being here justify the permanence of residence? Am I the whim of a queen, a goddess's afterthought? The gods in their transitions pass this way, admiring the handiwork of their theurgy. Hermes, the cheeky fecker. At night their footprints press upon me. I

said I have a theory, it's only provisional, it's something.
I up here remind the girls, love your husband, don't give
yourself up to foul, foul adultery, and if you do your
scents are not for me, my light here reminds them, hair
can't do that. Why I was picked out for the role I am not
sure. Perhaps my account gives intimations. Perhaps I
happily accept all scents.
But there have always been marriages, and girls have
always offered their jars to me. So I have always been
here, slewing in the skies. And their gifts are those
scents I can no longer lap up. Which I admit to missing.
It may be this is it. I'm here, ephemeral like the other
stars.

Michael Carroll

Agallamh an Fhile le Doras
An Garlach Coileánach .i. Catullus cct.

'Sé do bheatha, a dhoras an tí! Is geal tú le croí an
fhear-nuachair

mar ba gheal tú riamh lena athair. Beannacht fial anuas
ort

agus cúnamh ó Rí na nDéithe. Nach séimh an tseirbhís,
an uair sin

bhí sé ina fhear an tí, thugthá riamh—de réir mar
chuala—

don seanduine, bíodh gur doicheall, chítear, an mac
d'iompar

duit's an t-athair thíos sa chré,'nois taoi id dhoras tí
lánúine.

Abair liom go fíor cén chaoi ar chleachtais do shean-
dúthracht

mar ghiolla na dílse nó gur chasais leis an rítheaghlach
do chúl 'gat?

Doras an Tí

'Ní mise é—nára mí-ghean le Caochán é, a bhfuilim
mar shealúchas

le déanaí aige—an té 'tá san éagóir, pé ní a luaitear im
choinne é;

ní thig le héinne riamh peacach a thabhairt orm in aon
ní:

is fíor go bhfanann teangacha daoine i gciúnas

faoina chúis sin, cé go nglaoid amach d'aon ghuth a
luaithe

tagtar ar dhrochghníomh: "A dhoras an tí, is tusa is
ciontach".'

O dulci iucunda uiro, iucunda parenti,
 salue, teque bona Iuppiter auctet ope,
ianua, quam Balbo dicunt seruisse benigne
olim, cum sedes ipse senex tenuit,
quamque ferunt rursus uoto seruisse maligne,
postquam es porrecto facta marita sene,
dic agedum nobis quare mutata feraris
in dominum ueterem deseruisse fidem.
'non (ita Caecilio placeam, cui tradita nunc sum)
culpa mea est, quamquam dicitur esse mea,
nec peccatum a me quisquam pote dicere quicquam:
uerum istius populi ianua qui te facit!
qui, quacumque aliquid reperitur non bene factum,
ad me omnes clamant, ianua, culpa tua est.'
non istuc satis est uno te dicere uerbo,
sed facere ut quiuis sentiat et uideat.
'qui possum? nemo quaerit nec scire laborat.'
nos uolumus; nobis dicere ne dubita.
'primum igitur, uirgo quod fertur tradita nobis,
falsum est. non illam uir prior attigerit,
languidior tenera cui pendens sicula beta
nunquam se mediam sustulit ad tunicam:
sed pater illius gnati uiolasse cubile
dicitur et miseram conscelerasse domum,
siue quod impia mens caeco flagrabat amore,
seu quod iners sterili semine natus erat
et quaerendus is unde foret neruosius illud
quod posset zonam soluere uirgineam.'
egregium narras mira pietate parentem,
qui ipse sui gnati minxerit in gremium.
atqui non solum hoc se dicit cognitum habere

The door

A street in Verona. At the back is a house; its door, endowed with speech, is centre stage. To the right of the house is a gap and to its right a second house. A complex, tortured portal of a sandy hue, the general everyday behaviour of the door would nowadays lead to a diagnosis of bi-polar disorder, schizophrenia, alcoholism and impotence. His contemporaries consider him mad and therefore aristocratic. We are in the latter days of the Roman Republic, a time of political intrigue, dictatorial jostling, philhellenism and shepherds.

All is silent for a time. The door engages in manic laughter, interspersed with grunts and coughs. Silence.

Enter Catullus, a local adolescent of equestrian stock. He has Celtic eyes and skin the colour of a mild curry. His carriage at first suggests shyness and deference, but a yet unactualised undercurrent of power and elegance at times comes to the fore.

Catullus: *(Aside)* Though I've heard much about the perversity of this door, his outer appearance is level and cleanly.

Door affects the appearance of one sleeping, with a limp, disinterested stance.

Catullus: *(Somewhat shrilly)* I am sorry, at this hour of the day, and by someone unknown to you—at least in person—for you to be woken. However . . .

Door: *(Immediately awake)* An adjacent and soliciting boy.

Catullus: Sir, I am Catullus. Long may you continue to bring honour to yourself and your house both by the sheen of your coat and the pleasure you give to the master of this house, and to his father.

An Garlach Coileánach

Ní haon mhaith é tusa in aon fhocal amháin á dhearbhú
    sin

muna ndéanfair ar chaoi é a bheidh soiléir don chroí 's do
    na súile.

Doras an Tí

'Cionas is féidir liom? Níl éinne ar mhian leis a fhios, ná a
    dhua 'ige.'

An Garlach Coileánach

Mise an té lenar mian é. Ná bíodh ort moill é a chur in iúl
    dom.

Doras an Tí

'An chéad rud, dá bhrí sin: an scéal gur maighdean 's ea
    tugadh dúinne,

is bréag agus ní fíor é: an chéad fhear bhí aici níos luaithe,

níor fhéad sé baint léi; ba mheacain rí silte gan gus aige a
    uirlis

nár éirigh riamh leath-shlí aníos faoina ionar clúdaigh;

ach 's é a athair siúd d'éignigh leaba an mhic, faoi mar
    dúradh,

rud ba rí-aithis bhaoth don teaghlach go léir is ba
    dhubhach.

D'fhéadfadh gur miangas b'ea dhall é 'gus a chéadfaí trí
    thine le tnúthadh

nó an mac bheith éagumasach chun dartha, mar a
    saolaíodh i gcéaduair é,

is gurbh éigean brí ba thréine i log éigin a chuardach,

a dhéanfadh sciath na maighdine 'gus a sursaing a shárú
    'rthi.'

Brixia chinea supposita specula,
flauus quam molli praecurrit flumine Mella,
Brixia, Veronae mater amata meae,
sed de Postumio et Corneli narrat amore,
cum quibus illa malum fecit adulterium.
dixerit hic aliquis, 'quid? tu istaec, ianua, nosti?
cui nunquam domini limine abesse licet,
nec populum auscultare, sed hic suffixa tigillo
tantum operire soles aut aperire domum?'
saepe illam audiui furtiua uoce loquentem
solam cum ancillis haec sua flagitia,
nomine dicentem quos diximus, ut pote quae mi
speraret nec linguam esse nec auriculam.
praeterea addebat quendam, quem dicere nolo
nomine ne tollat rubra supercilia.
longus homo est, magnas cui lites intulit olim
falsum mendaci uentre puerperium.'

Door: (To himself) This is significant. *(To Catullus)* I have heard of you. People beyond number have passed me by and some have mentioned you, and particularly this fact, that you have decided to become a poet. And now, I divine, you seek my patronage?

Catullus nods.

Door: The patronage of a door does not consist in material bestowal. I shall simply tell you the truth as it is, not such seeming truth as men are confined to knowing, causing measureless pain.

Catullus: (Innocently) But sir, if I may, and I must say, in spite of, well, I am intrigued by you, feeling an a priori respect for the essential freedom and dignity of your doorhood, but surely pain means tears, and when they talked of you and this house they laughed . . .

Door: Enough.

Catullus: . . . my father . . .

Door: Stop!

Catullus: (Forced by the categorical imperative to continue) . . . but my father, sir, has told me that people make disputation about your character . . . and virtue even.

Catullus flinches as a delayed ripple of fury crosses the door. The door collects himself.

Door: (Quietly, sadly) Were it not for the remembrance of my aforesaid dignity, I might be led . . . tempted to dignify these quite frankly offensive comments with . . . *(Door is silent for a time. Then manically)* Scumbags, scangers, a shower of bleedin' pigs the lot of them! *(Morally outraged)* Is it my fault if I see the truth of the world and become an opinionated respository thereof? Why am I blamed when things unseemly see the light? And yet once I was at peace to such an extent that I

An Garlach Coileánach
Nach daonna, dar fia leat, béasa an té sin a luann tú,
a leithéid d'athair dílis is go scaoilfeadh ina mhac féin a mhún
    siar!

Doras an Tí
'Is ní hé sin an t-aon ní deir Brídín is iúl di,
an Bhrídín chéanna a chónaíonn taobh le Maigh Eala 's a dúthaigh
mar a dtéann an Abhainn Mhór go mallchéimneach ag gluaiseacht,
Brídín bhí 'na céile croí ag mo mháthair féin, Fionnuala;
'gus scéalta á n-insint, arae!, de shíor aici i dtaobh Pheaits Úna
'gus i dtaobh Chonchúir, dias adhaltranach ba thruailliú di.
Déarfaidh duine ag an bpointe seo: "A dhorais, cén chaoi ar iúl duit
    an méid seo? Tusa nach ndlíonn teach do mháistir thréigint go
        huaigneach
d'fhonn éisteacht leis na daoine, ach ar leac an táirsigh bhíonn dlúite
gan aon taithí agat ach an teach de shíor d'oscailt is do dhúnadh?"
Arae! Is minic d'éistinn le caint ghraosta na mná úd, 's í
ag scaoileadh óna seang-bhéal lena cumhala fios ceilte na gcionta
bhain di, 'gus í ag ainmniú na bhfireannach a luaigh mé
mar go raibh ina dhalladh púicín uirthi ag ceapadh mé bheith gan
    teanga gan cluasa.
Ina dhiaidh sin, labhair sí faoin té sin, nach mian liom go luafainn
as a ainm é, ar eagla go n-ardófaí na braoithe 'ge suas air.
Mar fhear 's é tá ard, agus is air 'sea cuireadh caingean sa chúirt dlí
go bréagach uair faoi astar clainne ar lú a bhrí ná mar a dúradh.'

Gearóid Ó Cléirigh

might have been called happy. A little dog came up and licked my yellow boards, I was in the woods, a mild autumn day. Yes, there were men, with iron scrapers they were cleaning my boards, handsome men, and leaves were floating, and the river nearby flowing and two dogs, the light at its zenith, yes, fine specimens of doghood, Leonardo and Napoleon, and the small one, Napoleon, panted by me, lapped my planks, and there I lay, quietly dozing, and I always hated Maggy Magee, and the bluebirds chirping, my house that very day demolished and a new one waiting though I knew not where, and the light faded and the leaves stopped falling and I realised it was twilight.

Long pause
But that seems like it might never have occurred. Gladly now would I douse myself with wrestling oil and await a happy spark, were it not for logistical difficulties. *(Considers difficulties for a moment.)* The people are scared to blame their faulty selves, and instead blame me, who am faultless. But I alone know how things are.

Catullus: *(Shocked by such an outburst to him, a stranger, but adopting a patient tone)* Well tell me then. I respect you deeply. But such claims cannot go without substance. They may not know, as of yet I too do not, that what you say is the truth. Explain what you mean. Remember, if it helps, that happy day with Leonardo and Napoleon.

Door pauses sullenly for a moment, won over yet embarrassed. Then suddenly he turns to Catullus.

Door: Right, well this is hilarious. You see, before my most recent owner, Caecilius, there was another fellow here, and he got married and presumed he was with a virgin, fair enough, you would, you know? Now I have to say, his father was a gent, an upstanding citizen and a wonderful man, Balbus was his name. I served him with as much enthusiasm as a door can muster. But then this new Jack-the-lad saunters in, and yes, it's true I treated him with a touch of indifference, no getting around that, but God's truth, no spite in it, no malice. Anyway, the girl herself was no sweet maiden fair—her former husband hadn't touched her, but that hadn't stopped the father of that husband from staining his son's marriage bed. I'll get back to that. But human nature being what it is, she was a filthy creature, a mingin' bitch. The maids who washed her talked of contusions and welts all over her arse. Her husband on the other hand, he had no sharp dagger between the legs—a tender beetroot was all that dangled there. It never raised its little face above his belt, but was always to be found facing at some angle or other beneath.

Catullus: An oblique angle so?

Door: Yes, it dangled obliquely, that would be right.

Catullus: Acute or obtuse though, that's the question.

Door: Ah. Well, I'm afraid you have me there.

Catullus: I suppose it depends where you start from.

Door: Yes, quite. Though I don't blame him: those pimples would have engendered impotence in a toad or a Persian. But it was no obstacle to the father, of course, and he took care of business.

Catullus: (Genuinely impressed) An extraordinary father. How marvellously dutiful, himself to piss on the lap of his own son! This is all very interesting and potentially life-changing. But I must go home for tea. I will be back later on this evening.

Pause. Catullus turns to the audience and steps forward a few paces.

Spectators, gathered mildly for this romp,
excuse me if I take a moment's pause
and, though a boy, express with verbal pomp,
some wisdom wrenchèd from the harlot's claws:
though farcical and whimsical revelry

may seem ill-suited to profundities,
in current cultural depravity
we might give mind to these epiphanies.
Once more our politicians let us down,
and though the author of this little pièce
affects detachment, monkeys, plays the clown,
he hates them all, reviles their stinking mess.
the nurses and their wards are just ignored,
and pupils sit in rooms crammed to the brim,
the beggars rape their passers-by and, bored,
reporters obfuscate upon a whim.
Though farcical, on this morality tale
I hope you kindly folk will ruminate.
Abhor the evil door, and proudly rail
at fornication, politics and fate.

Further pause. Catullus steps back and faces the door. As before.

Catullus: Good evening, door, sir. I have been reflecting on our illuminating morning and feel much wiser already. Have you any more truthful gossip to impart?

Door: My little Gaius! Do you know Brixia?

Catullus: Wait a moment, where is that now . . .

Door: Well, do you know the look-out post of Cycnus by any chance?

Catullus: (Muttering) Cycnus. Cy-c-nu . . . yes, Cycnus! I know it quite well. The great aunt my father has recently defamed lives just by there as a matter of fact.

Door: Sure isn't it a few miles along the Roman road . . .

Catullus: (Visualizing) . . . a short cart ride across the hill of Lugus . . .

Door: (Affirmatively) . . . a hop over the gate on the left and aren't you there. Not far away the course of the

golden Mella strays, full of frolicking fishlets. Well, Brixia is the main town of that district and it's there that the majority of this saucy action took place. Naturally the rank old father wasn't enough for her. Maybe she complied with his foul cravings out of misplaced loyalty to the genes. In any case, she committed adultery, wicked, wicked adultery, with not just Postumius but also with Cornelius.

Catullus: (An epiphany dawning) By Jupiter, this is lechery most gross.

Door: And that wasn't the sum of her wickedness. There was a tall man, with red eyebrows, and . . .

Catullus: But what's your source? How do you know?

Door: Ah, my boy, there you have it. I simply overheard. That is the key to all my gated insight, though there may be an element of genius in it to be sure. As I stood here, affecting indifference, I overheard her speaking with her handmaidens, boasting of these scandals and disgraces. And furthermore, Catullus, I can forecast the future. Have you made acquaintance with any of our local girleens? The great cycle of the orbed cosmos is uncoiling. Women were there, at the very inception of this eternal cycle, cause and effect . . .

Catullus: Ah, would that be Pandora?

Door: The very same, good boy. And they will be there at the end. This, Catullus, this is where all science goes astray: it speaks of causes yet refuses to see that Woman, qua cause, is sui generis.

Catullus: Sadly, because of a shortage in teaching resources at our local ludus and consequently oversized classes, we have not yet got around to the science component in the curriculum. I'm finding it difficult to follow you.

Door: (Too absorbed to listen) The key is to see that Woman is at once material cause—lacking as she does a rational soul—and efficient cause—witness the fearful precision with which she bosses the slaves. By this strange conjunction of disparate causes, Woman can do all the work theoretically reserved for the formal cause. And her influence will increase. The Republican Senate, whose distinguishing characteristic is the utter exclusion of women from the affairs of state, will be replaced by an august and sovereign family, and I needn't tell you, Catullus, that in matters familial Woman has always ruthlessly and inexorably gained control. Particularly in Italy.

For a time now Catullus has not been listening. He can forsee the terrible conflict of interests which will drive his future work and accompany his Genius wherever it takes him. It is obvious, the door must be right: women are contemptuous monsters. That said, Catullus' viscera are still tingling from the hearing of the former lady of the house's raunchy exploits. He thinks of Clodia, a girl of rare beauty he glimpsed on a recent visit to Rome. An intoxicating excitement mixed with fear permeates his person.

Catullus: (Interrupting the door's monologue, which has continued apace) Door, I thank you very much. I have long felt something missing. Now I understand. I shall be a poet. Only in this way can I explore the dichotomies you have mentioned, hating women while loving their company. This has been a most welcome revelation.

Long live Catullus, Truth and Beauty.

Michael Carroll

Ós mise do chara is mé atá buíoch
gur chugamsa a thagann tú ag triall
ar fhéiríní na mBéithe is an Ghrá
go seolfá scéal ód pheann ar phár
as dúch na ndeor, tú mar atá
fé ualach na cinniúna is na taisme goirte
go n-iarrfá fóirithint d'fhear longbhriste
caite i dtír mar shlaoiste taoide
agus slánú dó ó bhéal an bháis, fear ná lamhálfadh
Véanas naofa sos dó, é tréigthe ina leaba gan chéile,
fear ná meallann Béithe le dánta lácha na héigse ársa,
a intinn ar síorfhaire go cásmhar.

Ach, a Mhanlius chaoin, le go gcuirfeá eolas
ar mo chuidse trioblóidí, agus ar eagla go mba dhóigh
    leat
go dtraochann dualgas carad mé, cogar chugam go
    neosfad
na tonnta cinniúna ina bhfuilimse báite; chun ná hiarrfá
    arís
féiríní geala ón té atá cráite.

Tráth an ama a fuaireas mo chéad fhallaing bhán,
nuair a bhíos i mbláṫa earraigh aerach na hóige,
chum mé dánta meidhreacha ina bhflúirse;
táim ar lucht aitheantais an bhandé
a mheascann an seirfean milis trína cúram.

Ach cár mhiste na cúrsaí san uile ó d'éag mo bhráthair.
Ochón, fé bhrón ó chailleas thú, a dheartháir na páirte!
Tá mo shonas scriosta agatsa, a dheartháir ó d'éag tú;

Quod mihi fortuna casuque oppressus acerbo
conscriptum hoc lacrimis mittis epistolium,
naufragum ut eiectum spumantibus aequoris undis
subleuem et a mortis limine restituam,
quem neque sancta Venus molli requiescere somno
desertum in lecto caelibe perpetitur,
nec ueterum dulci scriptorum carmine musae
oblectant, cum mens anxia peruigilat,
id gratum est mihi, me quoniam tibi dicis amicum
muneraque et Musarum hinc petis et Veneris.
sed tibi ne mea sint ignota incommoda, Manli,
neu me odisse putes hospitis officium,
accipe quis merser fortunae fluctibus ipse,
ne amplius a misero dona beata petas.
tempore quo primum uestis mihi tradita pura est,
iucundum cum aetas florida uer ageret,
multa satis lusi; non est dea nescia nostri
quae dulcem curis miscet amaritiem:
sed totum hoc studium luctu fraterna mihi mors
abstulit. o misero frater adempte mihi,
tu mea tu moriens fregisti commoda, frater,
tecum una tota est nostra sepulta domus,
omnia tecum una perierunt gaudia nostra,
quae tuus in uita dulcis alebat amor.
cuius ego interitu tota de mente fugaui
haec studia atque omnes delicias animi.
quare, quod scribis Veronae turpe Catullo
esse quod hic quisquis de meliore nota
frigida deserto tepefactet membra cubili,
id, Manli, non est turpe, magis miserum est.
ignosces igitur, si, quae mihi luctus ademit,

Because you, borne down by fortune and bitter fate,
have written me this letter wet with tears,

wishing me to save a shipwrecked soul flung out of
    foaming
waves of the sea and lift him to life from the lintel of
    death,

to whom neither sacred Venus allows rest in sweet
    repose
abandoned as he is and sad in his celibate bed,

nor whom the Muses may enrich with the poetry of
    ancient writers,
while his mind is ever watchful and alert: all this, I
    mean,

pleases me profoundly, for thus you name me as a
    friend,
requesting of me rewards of the Muses and of Love.

But lest my own misfortunes be unknown to you, dear
    Manlius,
and lest you feel I dread fulfilling the duties of a friend,

learn how I fell, overwhelmed by floods of ill-fortune,
so you may try no more for blessings from one so
    troubled.

At the time when first I adopted the white toga of
    adulthood,
my young spirit flexing itself in the flowering of spring,

I played gaily everywhere; but she, the goddess, is aware
and brings us to a sweet bitterness with her cares.

mo theaghlach fillte leat fé chré in éineacht.
Led bhás tá mo shonas a ghráigh tú led bheo tréigthe;
ded dheasca ar lár, tá smaointe míne
is gliondar croí díbeartha óm chuimhne.

Agus mar sin nuair a mhaíonn tú id scríbhinn
gur cúis náire do Chatullus a bheith i Verona,
mar a gcaithfidh togha na n-óigfhear
teas a chur i ngéaga fuara i leapacha bána,
dáil bhróin í sin, a Mhanlius, seachas náire.
Maith dhom, mar sin, muna mbronnaim mar nach
    féidir,
na tabhartais úd a sciob an cumha uaim id éagmais.

Mar maidir le gan dóthain údar a bheith taobh liom,
mo mhaireachtain sa Róimh fé ndeara an scéal san:
is é sin mo dheagh-bhaile féin is m'áras,
is ann a chaithim mo shaol go sásta;
nuair a thagaim anso ní bhíonn dom sholáthar
ach a bhfuil i mboiscín seachas mórchuid ábhar.
Agus ós amhlaidh atá, níor mhian liom gur dhóigh leat
gur le suarachas méine nó doicheall mo mheoinse
ná fuil faighte go fuíoch agat gach sórt ar ordaís:
thairgeoinn iad gan iarraidh
dá mbeidís im dhóidse.

Áine Uí Fhoghlú

haec tibi non tribuo munera, cum nequeo.
nam quod scriptorum non magna est copia apud me,
hoc fit quod Romae uiuimus: illa domus,
illa mihi sedes, illic mea carpitur aetas;
huc una ex multis capsula me sequitur.
quod cum ita sit, nolim statuas nos mente maligna
id facere aut animo non satis ingenuo
quod tibi non utriusque petenti copia parta est:
ultro ego deferrem, copia siqua foret.

All love of this has now been lost in the deepest
    lamentation
at my brother's death. Oh grieving am I, brother gone,

you, brother, in your death, destroyed my wellbeing,
bringing along with you our house for burial;

joining you in death my joys completely perished,
that your sweet love gave support to while you were alive.

And so I have banished from my mind and thoughts
all such concerns and each delight the carefree soul can
    know.

Therefore, when you write how unworthy it is of Catullus
to be in Verona because here now everyone of better note

will heat their frigid limbs up in the couch I have deserted,
that, Manlius, is not mere shame, but a misery even more.

Pardon therefore if I cannot promise gifts, you will see
I am unable, mourning has taken away my store.

Moreover there is no great wealth of writings here about
    me,
since my home remains in Rome: in that home,

my home-place, there are the joys my age allows;
here merely one out of many small boxes follows me.

Since this is so, you must not think me merely stingy
that I behave this way, nor because of mean temperament

you have not received abundance of the bounty that you
    sought;
I would have offered all, and more, if it had been my lot.

John F. Deane

The Poems of Catullus 68 continued

Ní thig liom, a bhandéithe, gan insint faoin gcúram
  inar chabhraigh Allius liom, agus tábhacht na
  cabhrach sin,
ar eagla go gceilfeadh sciuird dhearmadach na haimsire
an díograis chineálta seo aige san oíche chaoch;
ach inseod díbhse é, agus insígí sibhse dosna mílte é
agus cuirigí an pár seo ag labhairt ina sheanaois
le go mairfidh Allius im bhéarsaíocht fiú tar éis a bháis
agus le go raghaidh a cháil ó neart go neart agus é
  marbh;
agus an damhán alla a ardaíonn líon tanaí, ná leathadh
  sí
toradh a cuid oibre ar ainm Allius is é ligthe i
  ndearmad.
Mar an scalladh croí a thug bandia glic Amathus dom,
tuigeann sibh é, chomh maith leis an gcaoi inar loisc sí
  mé
nuair a bhíos chomh dearg te le carraigeacha Trinacria
nó leis an uisce Maliach in Thermopylae Oetaeis,
nuair a bhí mo shúile gruama á gcloí le deora gan stad
gan staonadh, agus mo ghruanna ar sní le tuilte bróin.
Faoi mar, agus é ag lonrú ar mhullach sléibhe aeraigh,
léimeann an ghlaise ghlé ó charraig caonaigh,
agus brúchtann anuas fána géar an ghleanna,
go dtrasnaíonn leathslí talamh breac le daoine,
agus go dtugann sólás don dtaistealaí traochta
nuair a scoilteann teas meirbh na goirt loiscthe;
faoi mar, agus mairnéalaigh básaithe i ndoircheacht
  stoirme,
tagann cóir gaoithe le séideán níos séimhe,
a lorgaíodh i bpaidir anois chuig Pollux, arís chuig
  Castor,

Non possum reticere, deae, qua me Allius in re
  iuuerit aut quantis iuuerit officiis,
ne fugiens saeclis obliuiscentibus aetas
illius hoc caeca nocte tegat studium:
sed dicam uobis, uos porro dicite multis
milibus et facite haec charta loquatur anus
. . . . . .
notescatque magis mortuus atque magis,
nec tenuem texens sublimis aranea telam
in deserto Alli nomine opus faciat.
nam mihi quam dederit duplex Amathusia curam
scitis, et in quo me corruerit genere,
cum tantum arderem quantum Trinacria rupes
lymphaque in Oetaeis Malia Thermopylis,
maesta neque adsiduo tabescere lumina fletu
cessarent tristique imbre madere genae,
qualis in aerii perlucens uertice montis
riuus muscoso prosilit e lapide,
qui, cum de prone praeceps est ualle uolutus,
per medium densi transit iter populi,
dulce uiatori lasso in sudore leuamen
cum grauis exustos aestus hiulcat agros.
hic, uelut in nigro iactatis turbine nautis
lenius adspirans aura secunda uenit
iam prece Pollucis, iam Castoris implorata,
tale fuit nobis Allius auxilium.
is clausum lato patefecit limite campum,
isque domum nobis isque dedit dominae,
ad quam communes exerceremus amores.
quo mea se molli candida diua pede
intulit et trito fulgentem in limine plantam

To Allius

I cannot keep silent, goddesses,
  about the way that Allius helped me,
and how much he helped by his services
lest time, that flies with forgetting ages,
bury in blind night that zeal of his;
but I will say to you, tell this to future thousands
and let this paper say when old:

that dead he may become more known;
and don't let the spider who spins her high, thin web
do her work over Allius' forsaken name.
How that two-faced Venus gave me so much worry
you know, and the way she dried me up
when I was burning like Mount Etna
or the water of Thermopylae,
when my defected eyes did not stop
from wasting with continual tears
nor my cheeks from being wet with a shower of sorrow.
As at the top of a high mountain, a stream shines
and springs up from a mossy rock
and tumbles, rushing steeply down the valley,
crossing a densely peopled highway,
a sweet comfort to the tired and sweaty traveller;
and, as to sailors flung about by a black whirlpool,
comes a favourable wind, blowing more gently,
invoked by tears and prayers from Castor and from
  Pollox,
Allius was such a help to me.
He threw open a wide path through a closed-off field;
he gave me access to a house and my mistress
where we could make love together;

ba amhlaidh don chabhair a thug Allius domsa.
D'oscail sé cosán leathan tríd an bpáirc iata,
thug cead isteach dom go tigh is go bean an tí,
áit a bhféadfaimis le chéile ár ngrá a cheiliúradh;
is ansiúd a tháinig mo bhandia le coiscéim éadrom
agus leag bonn geal a coise ar an dtairseach mín
nuair a chnag sí air lena bróigín chaol;
mar a tháinig Laodamia agus í ar lasadh le grá
chomh fada le tigh Protesilaus, tigh
a tógadh gan rath, mar nár doirteadh aon fhuil naofa
mar íobairt sástachta do thiarnaí na bhflaitheas.
A mhaighdean Rhamnus, nára thoil liom riamh
an rud a thosnaítear tuathal, gan dea-thoil ár dtiarnaí.
Neart chraos na haltóra chun fuil na híobartha naofa,
thuig Laodamia é sin trí easnamh a fear céile,
nuair a bhí uirthi a barróg ar a céile nua a scaoileadh
sula dtiocfadh geimhreadh amháin agus an dara ceann
lena oícheanta fada lena grá loiscneach a shásamh,
agus gur thig léi maireachtáil in éagmais a fir chéile;
agus thuig na Fáithe go dtarlódh seo gan mhoill
dá raghadh sé mar shaighdiúir go fallaí Ilium,
mar b'ansin, de bharr éigniú Helen, gur thosnaigh an
    Traoi
ag gairm ina haghaidh féin taoisigh na Gréige,
an Traoi (uafás!) uaigh coiteann na hÁise is na hEorpa,
an Traoi, tuama anabaí an laochais is na laoch,
a rug léi freisin bás truamhéalach mo dhearthár,
mo léan, mo dheartháir truacánta a sciobadh uaim,
mo léan, a ghile mo shúl, sciobtha ód dheartháir
    truacánta,
is leatsa anois atá mo thighse uile faoin bhfód,
is leatsa atá mo lúcháir uile tar éis éag,

innixa arguta constituit solea,
coniugis ut quondam flagrans aduenit amore
Protesilaeam Laodamia domum
inceptam frustra, nondum cum sanguine sacro
hostia caelestis pacificasset eros.
nil mihi tam ualde placeat, Rhamnusia uirgo,
quod temere inuitis suscipiatur eris.
quam ieiuna pium desideret ara cruorem
docta est amisso Laodamia uiro,
coniugis ante coacta noui dimittere collum
quam ueniens una atque altera rursus hiems
noctibus in longis auidum saturasset amorem,
posset ut abrupto uiuere coniugio:
quod scibant Parcae non longo tempore abesse,
si miles muros isset ad Iliacos:
nam tum Helenae raptu primores Argiuorum
coeperat ad sese Troia ciere uiros,
Troia (nefas!) commune sepulcrum Asiae Europaeque,
Troia uirum et uirtutum omnium acerba cinis:
quaene etiam nostro letum miserabile fratri
attulit. ei misero frater adempte mihi,
ei misero fratri iucundum lumen ademptum,
tecum una tota est nostra sepulta domus,
omnia tecum una perierunt gaudia nostra,
quae tuus in uita dulcis alebat amor.
quem nunc tam longe non inter nota sepulcra
nec prope cognatos compositum cineres,
sed Troia obscena, Troia infelice sepultum
detinet extremo terra aliena solo.
ad quam tum properans fertur simul undique pubes
Graeca penetralis deseruisse focos,
ne Paris abducta gauisus libera moecha

my shining goddess came there
with delicate feet, pressing the flashing soles
of her tapping sandals on the polished threshold,
as once to the house of Protesilaus
(a house begun in vain, since no victim's sacred blood
had pacified the lords of heaven)
came Laodamia burning with love for her husband.

Nemesis, may I never be rashly pleased
by what is suspect when the gods are unwilling.
How the hungry altar longs for holy blood
Laodamia learned, through the loss of her man;
forced to let go her arms from the neck of her husband
who, winter coming with its long nights,
should satisfy her eager love;
she would try to live if her husband was dragged from
    her
(which the Fates knew would happen shortly
if he went as a soldier to the walls of Troy).
For then, because of Helen's abduction,
Troy began to stir up the chief men of the Greeks
against herself. Troy! A monster!
You, common tomb of Europe and of Asia,
premature grave of men and all their courage,
brought death to my sad brother also—
oh, my brother taken from unhappy me!
Alas, joyful light, taken from your unhappy brother,
with you all my house is buried,
with you all my joys have perished
which your sweet love nourished while you lived;
now far away, and not among familiar tombs,
nor laid among the ashes of relations,

a muirníodh i milseacht do ghrá-sa fad a bhí tú beo.
Féach anois tú ar shiúl, ní i measc uaigheanna do thaithí
ná ag luí le hais luaithrigh do mhuintire,
ach i dTraoi an uafáis, i dTraoi an drochratha curtha,
tú i ngreim coimhthíoch i dtalamh i bhfad i gcéin.
Is ansin a deirtear gur chuaigh ag an am úd
óige uile na Gréige, ag tréigint tí agus teallaigh,
chun nach mbainfeadh Paris buacach saorshásamh
i seomra cluthar as a leannán fuadaithe.
Ba thríd an mhí-ádh sin, mar sin, a Laodamia ab áille,
gur chaill tú do chéile, ba mhilse duit ná beatha agus
     anam;
tuile a dhein tú a chaitheamh i nguairneán tréan grá
is a theilg tú i nduibheagán chomh doimhin leis siúd
in aice le Phelleneus Cyllenius, a thaoscann, dar leis na
     Gréagaigh,
an curach, agus a thiormaíonn an talamh saibhir
a thochail fadó, a deirtear, mac – mar dhea –
     Amphitryon,
ag gearradh amach croí an tsléibhe ag an am gcéanna
gur aimsigh sé ollphéisteanna Styphalus le saighead
ar fhocal tiarna ba lú i bhfad gradaim ná é,
le go mbeadh déithe níos líonmhaire ag geataí na
     bhflaitheas
agus nach bhfanfadh Hebe níos faide ina maighdean.
Ach níos doimhne ná an duibheagán sin a bhí do ghrá,
a theagasc duit, saor mar a bhís, an chuing a fhulaingt;
ní mó ag an athair i ngreim na seanaoise
úcann an linbhín nuabheirthe ar bhroinn a aon iníne,
a thagann ar éigin i gcomharbacht ar mhaoin a shinsear,
agus, tríd a ainm bheith inscríofa faoi shéala ar leac,
a chuireann stop le sonas mínádúrtha an fhir ghaoil,

otia pacato degeret in thalamo.
quo tibi tum casu, pulcherrima Laodamia,
ereptum est uita dulcius atque anima
coniugium: tanto te absorbens uertice amoris
aestus in abruptum detulerat barathrum,
quale ferunt Grai Pheneum prope Cylleneum
siccare emulsa pingue palude solum,
quod quondam caesis montis fodisse medullis
audit falsiparens Amphitryoniades,
tempore quo certa Stymphalia monstra sagitta
perculit imperio deterioris eri,
pluribus ut caeli tereretur ianua diuis,
Hebe nec longa uirginitate foret.
sed tuus altus amor barathro fuit altior illo,
qui tunc indomitam ferre iugum docuit.
nam nec tam carum confecto aetate parenti
una caput seri nata nepotis alit,
qui, cum diuitiis uix tandem inuentus auitis
nomen testatas intulit in tabulas,
impia derisi gentilis gaudia tollens
suscitat a cano uulturium capiti:
nec tantum niueo gauisa est ulla columbo
compar, quae multo dicitur improbius
oscula mordenti semper decerpere rostro
quam quae praecipue multiuola est mulier:
sed tu horum magnos uicisti sola furores,
ut semel es flauo conciliata uiro.
aut nihil aut paulo cui tum concedere digna
lux mea se nostrum contulit in gremium,
quam circumcursans hinc illinc saepe Cupido
fulgebat crocina candidus in tunica.
quae tamen etsi uno non est contenta Catullo,

but buried in filthy Troy, in Troy the ill-omened;
an alien land holds you in foreign earth.
At that time, from everywhere,
the young men of Greece are said to have rushed there,
so that Paris, rejoicing in his abducted adulteress,
would not pass the time at leisure
in a peaceful bedroom.

And so, most beautiful Laodamia,
your husband, sweeter to you
than life or soul, was robbed from you,
and you were so swallowed in love's whirlwind
its raging carried you down a steep abyss
which in Arcadia, say the Greeks,
drains the marsh and dries up the fertile soil
which, it is said, was excavated,
the inside of the mountain cut out
by Heracles, the false-fathered,
when he struck down with sure arrow the monsters of
     Stymphalus
at the command of an inferior lord
so that more gods could use the door of Heaven
and that Hebe might not be long a virgin;
but your deep love was deeper than that gulf.
The head of the late-born grandchild his only daughter
     nurses
is not so dear to her father whose life is ending
but who just in time turned up
to have his name brought in to the witnessed will
for his grandfather's riches
and gets rid of the unnatural joy of a kinsman, now
     mocked,

agus a ruaigeann na badhbhanna ó cheann na seanaoise;
ná níor phléisiúrtha riamh don cholm a coileach geal
cé gur faobhraí í, adeirtear, ná bean ar bith
gur breá léi suirí thar mhnáibh an domhain,
chun póige agus greama agus cleas na ngob.
Ach is tusa amháin ba fhaobhraí ná iad seo
ón uair gur luadh thú led chéile chinn óir.
Chomh lách céanna, nó chóir a bheith, a bhí sise,
mo ghile croí, a tháinig go dtí mo bhaclainn,
agus bhí Cúipid go minic ag eitilt anseo is ansiúd
timpeall uirthi lena chasóigín chróch ag lonrú.
Agus cé nach bhfuil sí sásta le Catullus ámhain,
fulaingeod lochtanna mo leannáin óighe, gur beag iad,
le nach mbeimis déistineach, amaideach le héad.
Juno freisin, an bhean is mó gradaim sna flaithis,
is minic di fearg faoi chionta a fir chéile a smachtú
ar clos di faoi iliomad leannáin Jupiter uileghrámhair.
Ach ós rud é nár chóir go luafaí fir i gcomórtas le
    déithe,
don diabhail le ualach an athar chadránta!
Tar éis an tsaoil, ní á treorú ar lámh a hathar
go tigh cumhra le milseacht Assyria a tháinig sí,
ach bhronn milseacht orm i gcoim na hoíche draíochta
a goideadh fiú ó bhaclainn a fir chéile féin.
Mar sin is leor má deonaítear domsa amháin an lá seo
a cheiliúrann sí le cloch atá geal thar an ngnáthach.

An bronntanas bhéarsaíochta seo—sin a bhí ar mo
    chumas—
is duitse é, Allius, as iliomad do chineáltachta;
ar eagla an lá seo, agus lá eile agus lá eile fós
a bheith ag leagadh lámh chreimneach meirge ar
    d'ainm.

rara uerecundae furta feremus erae,
ne nimium simus stultorum more molesti:
saepe etiam Iuno, maxima caelicolum,
coniugis in culpa flagrantem concoquit iram
noscens omniuoli plurima furta Iouis.
atqui nec diuis homines componier aequum est

. . . . . .

. . . . . .

ingratum tremuli tolle parentis onus.
nec tamen illa mihi dextra deducta paterna
fragrantem Assyrio uenit odore domum,
sed furtiua dedit mira munuscula nocte
ipsius ex ipso dempta uiri gremio.
quare illud satis est, si nobis is datur unis
quem lapide illa diem candidiore notat.

hoc tibi quod potui confectum carmine munus
pro multis, Alli, redditur officiis,
ne uestrum scabra tangat robigine nomen
haec atque illa dies atque alia atque alia.
huc addent diui quam plurima, quae Themis olim
antiquis solita est munera ferre piis:
sitis felices et tu simul et tua uita,
et domus in qua nos lusimus et domina,
et qui principio nobis terram dedit aufert,
a quo sunt primo omnia nata bona,
et longe ante omnes mihi quae me carior ipso est,
lux mea, qua uiua uiuere dulce mihi est.

and makes the vulture rise up from the grey head.
No dove delighted so much in its snow-white mate
that is always biting with its beak,
snatching kisses more insatiably
than a woman with lust brimming.
You alone, Laodamia, surpassed their passions
when, once, you were united with your blond-haired
    husband.
Just as worthy my bright one was, or little less,
when she came herself into my arms
and often Cupid ran around her
radiant in his saffron tunic.

And though she's not content with just Catullus
l will bear the few faults of my modest lady,
lest we become as irksome as jealous fools are.
Juno too, greatest of those who live in heaven,
has often contained her anger over her husband's faults
as she learns of the many misdeeds of insatiable Jupiter;
and yet it's not reasonable to compare men with gods.

So away with this thankless burden of an anxious father.
For she did not come to me led by his right hand
to a house fragrant with Assyrian perfume,
but gave me in the wondrous night small stolen gifts
taken away from the very arms of her husband.
So it's enough if to me alone the day is granted
which she makes bright with a white stone.

This gift (all I could do), made in verse, is sent to you,
Allius, for many kind services;
lest this day, that day, and another and another

Cuirfidh na déithe lena chois seo na bronntanais
    líonmhara
ar ghnáthach le Themis fadó a thabhairt do fhir
    chráifeacha.
Go rabhabhair sona, tú féin agus do bheatha in
    éineacht,
agus an tigh ina raibh spraoi againn beirt, agus bean an
    tí sin,
agus é siúd a bhronn orainn agus a thóg uainn,
agus ónár shíolraigh na dea-rudaí a tháinig chugam.
Agus thar éinne eile, í siúd is luachmhaire liom ná mo
    bheatha,
mo lóchrann, gur trína beatha amháin is milis liomsa
    bheith.

               Paddy Bushe

should touch your name with corroded rust.
To this the gods will add many more, which Themis
    once
used give in ancient time to pious men.

May you be happy, you, your life, your lady
and your house, the house in which we sported;
may he, who first gave you to me, be happy,
from whom all good things sprung for me;
and she above all, who is clearer to me than myself
my light who, living, makes it sweet for me to live.
               Michael Hartnett

A Rufus, ná bíodh sé ag déanamh scime dhuit
nach áil le haon bhean ghleoite teacht id
   ghaobhar,
ainneoin a bhfuil de ghúnaí áille
agus seoda iontacha bronnta agat orthu.
An rud a mhilleann tusa na an ráfla a deir
gur istigh i bpollachaí d'ascaille a mhaireann an gabhar
   gránna:
é sin is eagal leo go léir is ní nach ionadh; ainmhí bréan
   mhuis,
is ní haon pháirtí súsa é do chailín deas.
Mas ea mhuis, ná marófá an rud úd a mhaslaíonn ár
   srónacha,
agus fáth teite na mban ní dhéanfaidh scim duit a
   thuilleadh.

Seán Mac Mathúna

N oli admirari quare tibi femina nulla,
   Rufe, uelit tenerum supposuisse femur,
non si illam rarae labefactes munere uestis
aut perluciduli deliciis lapidis.
laedit te quaedam mala fabula, qua tibi fertur
ualle sub alarum trux habitare caper.
hunc metuunt omnes. neque mirum: nam mala ualde
   est
bestia, nec quicum bella puella cubet.
quare aut crudelem nasorum interfice pestem,
aut admirari desine cur fugiunt.

A wild goat

R ufus, I'll tell you why no tart
   wants to open wide her legs for you
even if you try to buy her with gifts
of silk or the bling of jewellery.
There's a rumour doing the rounds
that under your armpits lives a wild goat:
that's what they're afraid of, no wonder
no pretty girl would sleep with such a beast.
So start using some fucking deodorant
or you'll never get a shag!

Matthew Geden

The gift of a delightful transparent jewel

$\overline{\text{M}}$ $\overline{\text{M}}$ $\overline{\text{M}}$

T hree million years old—
   she is nature's Zenith *res extensa*,
perfectly poised—she moves through
man-made days calling:
'Love, come do the tango'.
Three million years old
Zenith moves slow.
Cartesian soul,
he is Reason's *res cogitans*
that fabled praxis of strength

'til he hears:
'Come, do the tango'.
Cartesian soul,
love pivots round real slow.

Three million years old
Reason stares from Ovid's shadow as
the light slips down her back,
Nature's mortal seduction
carved along the base of

her neck, girdled hips, the arched
purpose of her back.
Three million years old—
with fear and fallow grace
his trembling Cartesian soul
finally stands and moves to her.
Three million years old
and tired with waiting
Zenith turns to go.

Sarah Tully

GAIUS VALERIUS CATULLUS LXX

Deir an bhean a ghráim nach bhfuil neach ar bith
gur mhaith léi a phósadh ach mise, fiú dá mbeadh
Iúpatar féin
á mealladh. Deir – ach ba chóir gach a ndeir bean lena
leannán,
a bhfuil tine ar a chraiceann, a scríobh i siotaí gaoithe is
in uiscí reatha.

Diarmuid Ó Gráinne

Nulli se dicit mulier mea nubere malle
quam mihi, non si se Iuppiter ipse petat.
dicit: sed mulier cupido quod dicit amanti
in uento et rapida scribere oportet aqua.

My girl declares there is no one but me she wants
to wed.
Jupiter himself would beseech her favours in vain.
She swears . . . but then, what a woman swears to her
passionate lover
should be carved on the wind or on the face of the
running stream.

Jack Harte

GAIUS VALERIUS CATULLUS LXXI

Dá dtarlódh gur fhulaing fear maith ó bholadh
bréan a ascaille
nó gur agraíodh an gúta ar éinne de bharr a pheacaí,
tolgann an céile iomaíochta úd a bhaineann a fheac
amach
i do leaba an dá ghalra uait go ceochánta. Mar chuile
uair
a ndéanann sé an beart, imríonn sé spídiúlacht orthu
beirt:
céasann an bhean leis an mboladh agus cailltear é féin
leis an ngúta.

Diarmuid Ó Gráinne

Si cui iure bono sacer alarum obstitit hircus,
aut si quem merito tarda podagra secat,
Aemulus iste tuus, qui uestrum exercet amorem,
mirifice est a te nactus utrumque malum.
nam quotiens futuit totiens ulciscitur ambos:
illam adfligit odore, ipse perit podagra.

My good man and his just reward:
oxsters' stale breath
and the scourge of gout
for his sins.

His rival, though, between the sheets,
making love
and aiming to please
catches, from you, both infirmities.

And every time he mounts,
he punishes them both.
She smothers in the sweet staleness
of his pits
and he, dying . . .

On his way out
with gout.

Tom Conaty

GAIUS VALERIUS CATULLUS LXXII

A Lesbia, ba ghnách leat a rá gurbh é Catullus an
t-aon chara
a bhí agat, agus gur lú leat Iúpatar féin ná mise.
Ghráigh mé thú ag an am sin, ní mar a ghránn cóip na
sráide a rúiscmhná,
ach mar a ghránn athair a chlann mac nó a gharmhic.
Anois tá aithne agam ort, agus mar sin go cé
bhfadaíonn
an díocas teaspaigh ionam, fós is lú m'urraim duit
agus is fánaí. Conas sin? arsa tusa. Mar go mbíogann an
loit
an leannán bheith níos foirfe i ngrá, ach is lúide an
cumann caradais dá bharr.

Diarmuid Ó Gráinne

D icebas quondam solum te nosse Catullum,
Lesbia, nec prae me uelle tenere Iouem.
dilexi tum te non tantum ut uulgus amicam,
sed pater ut gnatos diligit et generos.
nunc te cognoui: quare etsi impensius uror,
multo mi tamen es uilior et leuior.
qui potis est? inquis. quod amantem iniuria talis
cogit amare magis, sed bene uelle minus.

Y ou used to say once Catullus alone was known by you,
Lesbia, and you'd not prefer Lord Jupiter to me.
I loved you then—not like commoners love their
mistresses
but as a father esteems his sons-in-law and sons.
But I know you know; and though I burn strongly
more than ever now, I hold you cheaper and more fickle.
'How can this be?' you ask. Because such an injury as this
makes your lover love you more but makes him think the
less of you.

Michael Hartnett

GAIUS VALERIUS CATULLUS LXXIII

C aith uait an smaoineamh go dtuilleann tú buíochas
ó éinne, nó gur féidir le héinne a bheith buíoch.
Ní thagann aon bhuíochas as seo. Níl sa ghníomh
cineáltais ach amaidí,
is rud tuirsiúil é, agus díobhálach; sin mar a fheicimse é,
mise atá feargach agus coipthe go mór
aige siúd a ghair mise ina chara dílis aige féin.

Diarmuid Ó Gráinne

D esine de quoquam quicquam bene uelle mereri
aut aliquem fieri posse putare pium.
omnia sunt ingrata, nihil fecisse benigne:
immo etiam taedet, taedet obestque magis:
ut mihi, quem nemo grauius nec acerbius urget
quam modo qui me unum atque unicum amicum
habuit.

E xpect no gratitude from anyone, my friend
look for thanks and you will not be thanked.
It is nothing to act kindly, without thought of self,
though it can be a bore, and costly, too.
Consider me, who lately loved and now am vexed
to be so spurned by one who was my dearest friend,
or so he said.

John Banville

GAIUS VALERIUS CATULLUS LXXIV

Cháineadh uncail Ghearóid
lucht luaite nó déanta drúise.
Lena sheachaint sin, luigh sé
le bean an uncail, a d'fhág ina staic bhalbh é.
Rinne sé a rogha rud: dá sáfadh
an t-uncail féin anois, focal ní abródh.

Mícheál Ó hUanacháin

Gellius audierat patruum obiurgare solere,
si quis delicias diceret aut faceret.
hoc ne ipsi accideret, patrui perdepsuit ipsam
uxorem et patruum reddidit Harpocratem.
quod uoluit fecit: nam, quamuis irrumet ipsum
nunc patruum, uerbum non faciet patruus.

Gellius got wind that his uncle was out for those
who indulged in too much sex. So to settle the
matter he took his uncle's wife to bed and so carved his
uncle dumb as stone. He did as he pleased; and even if
he did his uncle in, his uncle's lips are sealed.

Richard Kearney

GAIUS VALERIUS CATULLUS LXXV

Tá mo cheann ina chíréib led íde, Laoise,
é curtha chomh mór as a riocht agat
ná féadfainn a mhaith a ghuí ort dá fheabhas tú
nó dá dhonacht, gan leanacht dod ghrá.

Mícheál Ó hUanacháin

Huc est mens deducta tua, mea Lesbia, culpa,
atque ita se officio perdidit ipsa suo,
ut iam nec bene uelle queat tibi, si optuma fias,
nec desistere amare, omnia si facias.

Lesbia, my psyche is so rattled by your treachery and
so racked by your charm that I cannot praise you,
even if you were to become the best of women, nor love
you less were you to become the very worst.

Richard Kearney

GAIUS VALERIUS CATULLUS LXXVI

Bí cinnte, a Chathail, go bhfuil saol fada cluthar
tuillte agat as an ngrá cásmhar sin agat:
sé sin, má tá pléisiúr ar bith i gcuimhní
dea-ghníomhartha, is onóir gan sárú, is
buancharadas, is gan dlí na ndéithe a bhriseadh,
is gan mí-úsáid ar an saol suthain chun
cluain a chur ar dhaoine.
Rinne tú a bhfuil de mhaith le déanamh:
trí ghníomh nó i bhfocail
thairg tú é sin ar fad do chroí neamhbhuíoch
is cailleadh é. Ná bí dod chrá níos mó faoi.
Nach gcruafá do chroí, is cúlú
ón gcumha seo nach é toil na ndéithe é?
Is doiligh grá fada a chur díot i dtobainne—
is doiligh, ach ní mór a chur i gcrích:
ní mór duit, cuma an féidir
nó nach féidir.
A dhia, más ann do thrócaire, má thugais
cabhair in am an bháis riamh
breathnaigh ar mo dhoilíos, is má bhíos cam
ardaigh an phlá, an crá croí seo díom.
Uch, an leisce a ghlacann seilbh orm
go smior, ag díbirt an lúcháir dem chroí!
Ní hé a grá ormsa mo ghuí feasta,
ná fiú go dtoileodh sí bheith singil, rud do-shamhlaithe:
ach mé a shlánú, mé a shaoradh ar an bhuan-bhreoiteacht.
A dhia, i gcúiteamh mo dhíograise, deonaigh.

Mícheál Ó hUanacháin

Si qua recordanti benefacta priora uoluptas
est homini, cum se cogitat esse pium,
nec sanctam uiolasse fidem, nec foedere in ullo
diuum ad fallendos numine abusum homines,
multa parata manent in longa aetate, Catulle,
ex hoc ingrato gaudia amore tibi.
nam quaecumque homines bene cuiquam aut dicere
possunt
aut facere, haec a te dictaque factaque sunt:
omnia quae ingratae perierunt credita menti.
quare cur tu te iam amplius excrucies?
quin tu animo offirmas atque istinc teque reducis
et dis inuitis desinis esse miser?
difficile est longum subito deponere amorem;
difficile est, uerum hoc qua libet efficias.
una salus haec est, hoc est tibi peruincendum;
hoc facias, siue id non pote siue pote.
o di, si uestrum est misereri, aut si quibus unquam
extremam iam ipsa in morte tulistis opem,
me miserum adspicite et, si uitam puriter egi,
eripite hanc pestem perniciemque mihi!
hei mihi subrepens imos ut torpor in artus
expulit ex omni pectore laetitias.
non iam illud quaero, contra ut me diligat illa,
aut, quod non potis est, esse pudica uelit:
ipse ualere opto et taetrum hunc deponere morbum.
o di, reddite mi hoc pro pietate mea.

If pleasure awaits a man who, recalling past kindnesses,
when he thinks he himself has been so devoted,
has broken no sacred trust, nor in any covenant
has used the divine might of the gods to cheat anyone,
many joys, Catullus, in a long life, remain for you,
because of this, your unrewarded love.
For whatever kindness a man can do anyone,
by word or deed, has been done and said by you;
to an ungrateful heart this love was entrusted: it died.
Why should you torment yourself further?
Why not be resolved in your mind, recouping your losses,
no longer in misery, against the will of the gods?
It is hard to lay aside suddenly love long cherished;
it is hard, but you should do it, any way you want.
This is your only safety, this must be your achievement;
do it, whether it's possible or even impossible.
Oh gods, if you're merciful, or if to anyone
you ever brought strength at the moment of death,
see me, in misery; if ever I wished for a life of purity,
take from me this danger and this plague.

Alas deep in my limbs steals a numbness inside of me
which drives all happiness out of my heart.
That she should love me I pray no longer
(for that's impossible), or that she turn chaste;
I want, myself, to recover and throw off this hateful
sickness.
Oh gods, grant me this, for all my devotion.

Michael Hartnett

GAIUS VALERIUS CATULLUS LXXVII

A Ruairí, b'fhánach gan rath mo mhuinín asat;
drochrath: ba ghéar is ba chrua a dhíolas as.
Nár shleamhnaís ionam, nár loisc
is nár dhíothaigh gach a raibh againn?
Uch, dhíothaigh, a nimh chruálach ár
mbeatha, ochón, a phiast ár gcairdeasa!

Mícheál Ó hUanacháin

R ufe mihi frustra ac nequiquam credite amice
(frustra? immo magno cum pretio atque malo),
sicine subrepsti mi atque intestina perurens
ei misero eripuisti omnia nostra bona?
eripuisti, heu heu nostrae crudele uenenum
uitae, heu heu nostrae pestis amicitiae.

R ufus, like a fool I thought you were my ally
(silly me? not just silly—you've almost ruined me),
and so, having filched my heart and inflamed my
    entrails,
have you also snatched away all that was good between
    us?
Stolen away, alas, the savage venom of our lives,
our pestilential bond of friendship—alas!

Philip Casey

GAIUS VALERIUS CATULLUS LXXVIII

B eirt deartháir atá ag Conall, céile fíordhóighiúil
ag an duine, mac dóighiúil ag an gceann eile.
Fear ar dóigh é Conall: nuair is léir tarrac na beirte
éascaíonn sé slí na díse álainn chun leaba le chéile, ar
    ndóigh.
Amadán é Conall nach ritheann a bhean féin leis
nuair a mhúineann sé drúis le bean uncail dá nia.

Mícheál Ó hUanacháin

G allus habet fratres, quorum est lepidissima
coniunx
alterius, lepidus filius alterius.
Gallus homo est bellus: nam dulces iungit amores,
cum puero ut bello bella puella cubet.
Gallus homo est stultus nec se uidet esse maritum,
qui patruus patrui monstret adulterium.

O ne of Gallus' brothers has a most delightful wife,
and the other one, a good-natured son.
Gallus is a charmer, revelling in love's union,
and abets the handsome boy in bedding the lovely girl.
Gallus is stupid to forget he is a husband himself,
coaching a nephew in adultery with his uncle's wife.

Philip Casey

GAIUS VALERIUS CATULLUS LXXVIIIA

M o chás, gur shalaigh do sheile ghránna
íon-bheola íon-bhruinnille.
Ach ní fhaighfir gan éiric é: aithneoidh na glúnta
tú, is neosfaidh cailleach na ráflaí do mhíchlú.

Mícheál Ó hUanacháin

S ed nunc id doleo quod purae pura puellae
sauia comminxit spurca saliua tua.
uerum id non impune feres: nam te omnia saecla
noscent et qui sis fama loquetur anus.

B ut just now what pains me is that this purest of
pearls
is degraded by the fluxing of your filthy spit with hers.
Truly, you are not exempt, surely gossips will always
babble about you, and posterity will not be fooled.

Philip Casey

GAIUS VALERIUS CATULLUS LXXXIX

Garsún gleoite é Lesbius; cén t-iontas, ós mó de lúb
Gistigh
ag Lesbia ann ná ionatsa, Catullus, ainneoin líon do
mhuintire?
Ach díoladh an gleoiteoirín seo Catullus gona mhuintir
uilig,
má aimsíonn sé triúr a thabharfas dó póg aitheantais.

Pádraig Mac Fhearghusa

Lesbius est pulcher: quid ni? quem Lesbia malit
quam te cum tota gente, Catulle, tua.
sed tamen hic pulcher uendat cum gente Catullum,
si tria notorum suauia reppererit.

Lesbia, Catullus, loves Lesbius, pretty and slim
better than you and your relations.
He must sell these, and you, if from all nations
he can find three friends to vouch for him.

Tom Mathews

GAIUS VALERIUS CATULLUS LXXX

Cad déarfad, a Ghellius, faoin taobh go n-éiríonn
na beola luisniúla san níos báine ná sneachta an
gheimhridh,
ar éirí dhuit nó ag dúisiú
théis scíth na nóna?
Ní fheadar cad é: an fíor a mbiadán cogair
go slogair an mórchruas faoi choim an fhir?
Sin é gan bhréag: scairteann bléinteacha sceite Victor
bocht os ard é,
agus rian an tsíl a bhlís ar do bhéal.

Pádraig Ó Snodaigh

Quid dicam, Gelli, quare rosea ista labella
hiberna fiant candidiora niue,
mane domo cum exis et cum te octaua quiete
e molli longo suscitat hora die?
nescio quid certe est: an uere fama susurrat
grandia te medii tenta uorare uiri?
sic certe est: clamant Victoris rupta miselli
ilia, et emulso labra notata sero.

Confess angelic Gellius
what makes thy rose lips white
when you arise at morning
when you lie down at night

This tale I hear related
where pimp and harlot go;
when Victor is fellated
the rose is turned to snow.

Tom Mathews

GAIUS VALERIUS CATULLUS LXXXI

An é nach bhfuil i measc an phobail uilig seo,
Iuventus, boc dathúil a bhféadfá dul 'na
  thaithneamh,
seachas é siúd, ó dhúthaigh Phisaurum na hainnise,
atá níos leimhe na dealbh óraithe,
é ina chara seasta anois agat, a leomhann tú
a roghnú tharamsa, gan fios do mhíchuibhis agat.

Pádraig Mac Fhearghusa

Nemone in tanto potuit populo esse, Iuuenti,
  bellus homo quem tu diligere inciperes
praeterquam iste tuus moribunda ab sede Pisauri
hospes inaurata pallidior statua
qui tibi nunc cordi est, quem tu praeponere nobis
audes et nescis quod facinus facias.

A beautiful man.
Could you not find, Juventius,
a beautiful man
in this whole population?
Besides that guest of yours
from disease-ridden Pisaurum,
paler than a gilded statue,
who now has your heart.
Him you set above me
in your affection
not knowing what a crime
it is that you do.

Ronan Sheehan

GAIUS VALERIUS CATULLUS LXXXII

A Quintius, más áil leat Cathal bheith i bhfiachaibh
  na súl leat
nó ceo is ansa leis ná iad,
ná bain san de ar mhó leis é ná iad,
sé sin más ann do cheo is ansa leis ná iad.

Pádraig Ó Snodaigh

Quinti, si tibi uis oculos debere Catullum
  aut aliud si quid carius est oculis,
eripere ei noli multo quod carius illi
est oculis seu quid carius est oculis.

Quintus, if you wish Catullus to owe you his eyesight
  or anything else, more costly than eyes are,
don't steal from him what he holds dearer than eyesight
or anything else that's even dearer than eyes are.

Michael Hartnett

GAIUS VALERIUS CATULLUS LXXXIII

Tugann Leispia fogha fúm i bhfianaise a fir chéile;
   ábhar mór grinn
don bpleidhce amadáin. Is dúrmhiúil é nach dtuigeann
   faic na ngrást.
Dá ndéanfadh sí dearmad orm is dá mbeadh sí ina tost,
bheadh sí lánchroíúil. Ach faoi mar atá, seo is ciall lena
   drannadh
is lena feannadh: ní hamháin go gcuimhníonn sí, ach,
rud atá i bhfad níos tromchúisí, tá fearg uirthi: 'sé sin
   loisceann sí is tagann rith focal uirthi dá bharr.

Mícheál Ó Ruairc

Lesbia mi praesente uiro mala plurima dicit:
   haec illi fatuo maxima laetitia est.
mule, nihil sentis. si nostri oblita taceret,
sana esset: nunc quod gannit et obloquitur,
non solum meminit, sed, quae multo acrior est res,
irata est: hoc est, uritur et loquitur.

Lesbia says many bad things to me in front of her
   husband
and to that idiot causes great glee.
You mule, you understand nothing. If she forgot me,
   stayed silent,
that would be rational; but because she snarls abuse at me
she not only remembers but (what's much more painful
   for her)
she gets angry and so she prattles most passionately.

Michael Hartnett

GAIUS VALERIUS CATULLUS LXXXIV

Deireadh Arrius 'bhuachan' agus 'buachan' i gceist,
'hoirchill' agus 'oirchill' uaidh le rá,
is shíleadh gur líofa an 'hoirchill' úd
a deireadh le hoiread béime is ab fhéidir leis.
Creidim gurbh amhlaidh ag a mháthair,
a uncail Liber, agus a mhamó is a dhaideo ar taobh a
    mháthar.
Sos dár gcluasa a sheoladh go Siria:
ag éisteacht leis na siollaí úd ós íseal is go ciúin,
is gan aon fhaitíos rompu, siollaí, feasta.
Ach nocht teachtaire an uafáis thar bóchna chughainn
á maíomh ó chuaigh Arrius i dtír
gur tonnta 'Hiónacha' feasta iad na tonnta Iónacha.
                                        Pádraig Ó Snodaigh

Chommoda dicebat, si quando commode uellet
dicere, et insidias Arrius hinsidias,
et tum mirifice sperabat se esse locutum
cum quantum poterat dixerat hinsidias.
credo, sic mater, sic liber auunculus eius,
sic maternus auus dixerat atque auia
hoc misso in Syriam requierant omnibus aures:
audibant eadem haec leniter et leuiter,
nec sibi postilla metuebant talia uerba,
cum subito adfertur nuntius horribilis
Ionios fluctus, postquam illuc Arrius isset,
iam non Ionios esse, sed Hionios.

Arthur says 'conned' for 'canned', for 'band' says
'bond'.
He gulps down a's, and swallows all his r's whole
and thinks this sort of nonsense very grond
and makes himself appear an utter asal.
He thinks he sounds some kind of Mr D'Arcy
or gleaming English toff at a regatta.
His mother must have told him it was clarsy
because her family were from the gatta.
He went to Helmand and we had respite
from a-sounds tortured, pulled apart and mangled
and r-sounds all de-rhoticised and strangled
while he was out of earshot places foreign
until the dreadful news came late one night:
he choked to death pronouncing Arfghoreignistoreign.
                                        Fintan O'Higgins

GAIUS VALERIUS CATULLUS LXXXV

Tá fuath agus grá
ag réabadh tríom.
Fáth m'anacra
fiafraigh díom;
ní fhéadaim freagradh.
Ach mothaím an pian
is an t-olcas dian
ag loscadh m'anama.
                    Seán Ó Lúing

Odi et amo. quare id faciam fortasse requiris
nescio, sed fieri sentio et excrucior.

I hate and I love. Why do I do this? Perhaps you will
ask me.
I don't know. But I feel it. And I am in torment.
                                        Michael Hartnett

GAIUS VALERIUS CATULLUS LXXXVI

Álainn í Quintia síltear coitianta;
ard, fionn, dea-chumtha géillim sin di,
ach séanaim gur álainn: í gan spéiriúlacht;
níl gráinne den ghreann ina cabhail mhór;
is álainn í Lesbia, nó is aici atá gach áilleacht,
an spéiriúlacht uile gafa chuici féin aici
ó mhná uile an tsaoil.

Pádraig Ó Snodaigh

Quintia formosa est multis, mihi candida, longa,
recta est. haec ego sic singula confiteor,
totum illud formosa nego: nam nulla uenustas,
nulla in tam magno est corpore mica salis.
Lesbia formosa est, quae cum pulcherrima tota est,
tum omnibus una omnis subripuit Veneres.

To me, Quintia's all right: she's polite,
hardworking, inoffensively blonde.
I acknowledge all these points.
But I deny what others say,
I deny she's beautiful—
she's got no mystery about her proportions,
no violence went into her formation . . . .
For that, find Lesbia:
she has all that is most beautiful.
She wears stolen pearls as though
she alone could buy them.

Jay Bernard

GAIUS VALERIUS CATULLUS LXXXVII

Go dearbh, ní fhéadfadh bean ar bith a rá
gur tugadh oiread grá di riamh
is a ghéilleas duitse, a Lesbia liom.
Níor dhílse aon i ngéibh an ghrá ná mise id pháirt.

Pádraig Mac Fhearghusa

Nulla potest mulier tantum se dicere amatam
uere, quantum a me Lesbia amata mea es
nulla fides ullo fuit unquam in foedere tanta
quanta in amore tuo ex parte reperta mea est.

Lesbia, my own
there is no one
no woman, who can say
I was loved in this amount
no, their loves do not count
all their weak fidelities,
insufficient loves erased by time
dissolved and lost before mine

Panchali Mukherji

GAIUS VALERIUS CATULLUS LXXXVIII

Cad tá ar bun ag Gearóid, ag suirí le máthair is
    deirfiúr
i gcaitheamh na hoíche, is gan clabhta orthu?
Cad tá ar bun aige, a chrosann comhdháil ar a uncail?
Tuairim agat cén náire a tharraingíonn sé?
Níos mó, a Ghearóid, nach nífeadh Téiteas cian
nó a hAigéan féin, foinse gach lachta:
mar níl coir ar bith níos measa ar fáil dó
dá gcromfadh sé a shoc, fiú, is é féin a shú.

Mícheál Ó hUanacháin

Quid facit is, Gelli, qui cum matre atque sorore
prurit et abiectis peruigilat tunicis?
quid facit is patruum qui non sinit esse maritum?
ecquid scis quantum suscipiat sceleris?
suscipit, o Gelli, quantum non ultima Tethys
nec genitor nympharum abluit Oceanus:
nam nihil est quicquam sceleris quo prodeat ultra,
non si demisso se ipse uoret capite.

Reality TV i

God knows what he's after,
lying there half-naked,
with mother and sister
and the horny old get
of an uncle, denied.
Listen, my friend, he's
as guilty as sin, that Gellius,
as if he went down on himself.

Gerald Dawe

GAIUS VALERIUS CATULLUS LXXXIX

Nach dual do Gellius a bheith seang: cén t-ionadh?
    Nach gcaitheann
idir a mháthair mhásach mhuirne agus a dheirfiúr
    mhealltach a saol go fuinniúil,
chomh maith lena uncail croíúil agus na buíonta béithe
ag méaraíocht síos air, cén fáth go mbeathódh sé a
    cholainn spíonta?
Mura meileann sé a chabhail ach ar mheidhir an útha,
thuigfeá ná staonfaí dá thionscal drúise.

Derry O'Sullivan

Gellius est tenuis: quid ni? cui tam bona mater
tamque ualens uiuat tamque uenusta soror
tamque bonus patruus tamque omnia plena puellis
cognatis, quare is desinat esse macer?
qui ut nihil attingat, nisi quod fas tangere non est,
quantumuis quare sit macer inuenies.

Reality TV ii

Skinny as a rake?
No wonder, sick fucker,
with a mother like that
and a sister and yon uncle,
whatever he's up to,
and many's another—
shockers the lot of them—
and you wonder why he's thin!

Gerald Dawe

The Poems of Catullus 88 and 89

GAIUS VALERIUS CATULLUS XC

As cumann an Deamhain idir Gellius agus a
mháthair go mbeirtear draoi naí,
a oilfear ar gheasa sa Pheirs:
mar caithfear gairm réalteolaí a bheith ag síol mic i
  mbroinn a mháthar,
más fíor dá reiligiún thall a thugann cúl le cine,
ionas go nglacfadh a ndéithe siúd lena iomann molta
  taitneamhach,
a chaipín sonais méith á chréamadh i dtine chnámh a
  n-altóra.

Derry O'Sullivan

Nascatur magus ex Gelli matrisque nefando
coniugio et discat Persicum haruspicium:
nam magus ex matre et gnato gignatur oportet,
si uera est Persarum impia religio,
gratus ut accepto ueneretur carmine diuos
omentum in flamma pingue liquefaciens.

Reality TV iii
Out of the mire of mother
and son comes the untouchable
to praise the gods, the caul
smouldering upon the altar.

Gerald Dawe

GAIUS VALERIUS CATULLUS XCI

Níorbh é mo sheanaithne ort, a Gellius, cúis mo
dhóchais as do dhílseacht dom,
agus galar an ghrá mar chreach i mo chléibh,
nó go raibh breall orm faoi do sheasmhacht,
nó go bhféadfaí thú a chlaonadh ó bhóthar náireach
  d'aimhleasa,
ach go bhfaca mé nárbh í do mháthair ná do dheirfiúr í
an bhruinneall go gcreimeann mo shearc di mé.
Agus bíodh go nascadh le chéile sinn dlúthchaidreamh,
níor chreid mé go mba leor sin duitse.
Cheap tú, ámh, go mba leor: chomh mór sin é d'éirí croí
i gcleachtadh uile shórt duáilce go mbeadh iarracht den
  choirpeacht inti.

Derry O'Sullivan

Non ideo, Gelli, sperabam te mihi fidum
in misero hoc nostro, hoc perdito amore fore
quod te cognossem bene constantemue putarem
aut posse a turpi mentem inhibere probro,
sed neque quod matrem nec germanam esse uidebam
hanc tibi cuius me magnus edebat amor;
et quamuis tecum multo coniungerer usu,
non satis id causae credideram esse tibi.
tu satis id duxti: tantum tibi gaudium in omni
culpa est in quacumque est aliquid sceleris.

Gellius, I hoped you would stand by me
in this miserable, wretched love of mine.
Because I knew you well and thought you were loyal,
thought you were able to keep your mind from
  disgraceful infamy;
because I saw that she, whose great love was devouring
  me,
was neither your mother nor your sister;
and as I was bound to you by much familiarity
I thought that was reason enough for you.
But you thought it not enough; for you take such delight
in any fault where there is something of misfortune.

Michael Hartnett

GAIUS VALERIUS CATULLUS XCII

Feannann teanga Lesbia mé gan fuarú le faobhar a
  maslaí:
is fearr éagadh mura dtóraíonn croí Lesbia mé.
Conas san? mar is mise fear a diongbhála: díspeagaim í
gan stad, ach is fearr mo thórramh mura dtóraíonn mo
  chroí í.

Derry O'Sullivan

Lesbia mi dicit semper male nec tacet unquam
de me: Lesbia me dispeream nisi amat.
quo signo? quia sunt totidem mea: deprecor illam
adsidue, uerum dispeream nisi amo.

I hear my name in every tavern
all eyes turn on me as Lesbia has been
there before me
on every park bench, behind every flower
there are hushed tones as I pass
  'She does not love you
  She does not love you'

Kevin Byrne

GAIUS VALERIUS CATULLUS XCIII

Beagmheas ar Thíoránach

Do mheanga, a Shéasair, má thuillim
  ní tabhartas liom é,
is ní iarraim bheith feasach
pé ciardhubh nó geal do ghné.

Seán Ó Lúing

Nil nimium studeo, Caesar, tibi uelle placere,
nec scire utrum sis albus an ater homo.

Get off my back Bertie
I couldn't care less for your blue suit makeover
you have all the charm of a dead anorak

Kevin Byrne

GAIUS VALERIUS CATULLUS XCIV

Buaileann Bod leathar go hadhaltrach. Caidé? Bod
  ag bualadh?
Sea go díreach: nach hin a deirid, le gach pota a phoitín.

Seán Mac Mathúna

Mentula moechatur. moechatur mentula certe.
hoc est quod dicunt, ipsa olera olla legit.

Arise! Arise! My little drupe
the farmyard's a maelstrom of hens
let the farmer find his in spreading slurry
yours is the hen's arse in the scullery.

Kevin Byrne

GAIUS VALERIUS CATULLUS XCV

Foilsíodh an Smyrna, saothar véarsaí mo charad Cinna,
naoi bhfómhar agus naoi ngeimhreadh ó chéadchuir sé
    cleite leis;
cé gur aisig amach an scóladh croí file sin ó Hatria
leathmhilliún véarsaí i gceithre ráithe amháin,
seolfar an Smyrna chomh fada le tonnta doimhne
    Satrachus,
liathfaidh na haoiseanna in achrann le síorléamh an
    Smyrna.
Ach éagfaidh annála Volusius cois abhann Padua, áit a
    mbreithe,
agus gléasfar na maicréil i gculaith a meamraim.
Coinním cuimhní modhúla mo charad i mo chroí,
ach go mbaine an daoscar sult as bladar Antimachus.

Derry O'Sullivan

Zmyrna mei Cinnae nonam post denique messem
quam coepta est nonamque edita post hiemem,
milia cum interea quingenta Hortensius uno
. . . . . .
Zmyrna cauas Satrachi penitus mittetur ad undas,
Zmyrnam cana diu saecula peruoluent.
at Volusi annales Paduam morientur ad ipsam
et laxas scombris saepe dabunt tunicas.
parua mei mihi sint cordi monumenta sodalis:
at populus tumido gaudeat Antimacho.

My friend Cinna's *Smyrna*
took nine years to write.
While the bard of Hatria offered us
five hundred thousand lines in a year.
Smyrna will travel far, I know it,
to the deep-grooved streams of Satrachus.
The ages will turn grey
in contemplation of that book
but the *Annals* of Volusius
are already dead in the water
destined to provide a wrapper
for the mackerels of Padua.
Cinna's modest effort pleases me.
Let others take delight
in the long-winded Antimachus.

Ronan Sheehan

GAIUS VALERIUS CATULLUS XCVI

Má mhaireann sochar nó sonas i dtost an tuama
ónár mbriseadh croí-ne, a Chalvais,
ón dtnúthán 'athnuann seana-chaidreamh,
ó chaoineadh na gcairdeas a chuaigh ar lár,
is lú, ar ndóigh, dólás Quintíle ina bás míthráthach
ná tulca a hollghairdis id ghrá-sa, a bhráthair.

Aogán Ó Muircheartaigh

Si quicquam mutis gratum acceptumue sepulcris
accidere a nostro, Calue, dolore potest,
quo desiderio ueteres renouamus amores
atque olim missas flemus amicitias,
certe non tanto mors immatura dolori est
Quintiliae, quantum gaudet amore tuo.

Calvus hear this. . .
. . . If the maggoty gravesod can be sweetened
by our distress and sorry disappointments make for us
new life out of past loves, still we mourn the loss of the
vanished ones, our friends—Quintilia, no doubt, filled
with the pleasure your love provides, feels less sad seeing
her epitaph before its proper time.

Gerard Smyth

GAIUS VALERIUS CATULLUS XCVII

Níor chuimhníos (a dhéithe!) nár mhar a chéile é
bolathaíl ar bhéal Éimíliais nó smúrthacht ar a
thóin.
Ní slachtmhaire é seo, ní sailiche é siúd,
ambriathar, cheal fiacla, roghnófaí a rumpa.
Leathmhéadar ar fhaid iad stranaí a ghoib leata,
is creatlach seana-chairte a dhrandal mar a cumadh
agus, mar bharr ar gach donas, níl oidhre ar a chlab
ach pis miúlach fé eachmairt ag stealladh a cuid fuail.
Cé go mbréagann sé mná ina dtáinte le gothaí an uasail,
níor ceanglaíodh go fóill é le hasal an mhuilinn?
Ná tuigfí, aon bhean nár ró-náir léi teagmháil de,
nár ní léi dá lífeadh tiarpa buinní crochadóra?

Aogán Ó Muircheartaigh

Non (ita me di ament) quicquam referre putaui
utrumne os an culum olfacerem Aemilio.
nilo mundius hoc, nihiloque immundius illud,
uerum etiam culus mundior et melior:
nam sine dentibus est. hoc dentis sesquipedalis,
gingiuas uero ploxeni habet ueteris,
praeterea rictum qualem diffissus in aestu
meientis mulae cunnus habere solet.
hic futuit multas et se facit esse uenustum,
et non pistrino traditur atque asino?
quem si qua attingit, non illam posse putemus
aegroti culum lingere carnificis?

What's not to like about Amelius?
Though here's the thing,
I can't tell his mouth from his arse

and the love of all things contrary
has me warming to my task.
God save me, he's a charmer

but if this is this, wouldn't any girl
who fucked him, be as likely to lick
a hangman with the pox?

Gerard Fanning

GAIUS VALERIUS CATULLUS XCVIII

Ní áibhéil id thaobhsa, thar éinne, a Victiais na
bréine,
a ndeirtear faoi dhaoine baothbhriathrach scaoiteach.
Led theanga go lífeá, nuair a bhraithfeá praifíd as,
poill tóna is cuaráin na dtuatach.
Más áin leat, a Victiais, sinne a threascairt,
oscail do bhéal is éireoidh leat go paiteanta.

Aogán Ó Muircheartaigh

In te, si in quemquam, dici pose, putide Victi,
id quod uerbosis dicitur et fatuis:
ista cum lingua, si usus ueniat tibi, possis
culos et crepidas lingere carpatinas.
si nos omnino uis omnes perdere, Victi,
hiscas: omnino quod cupis efficies.

If anyone is deserving of the disrepute of gasbags and
gombeens, it's surely you vile Victius. Your tongue,
that would as readily lick arses as a peasant's boot, will
be our undoing. You've only to unzip your gob as you
unwittingly will.

Frank O'Carroll

GAIUS VALERIUS CATULLUS XCIX

A Iúventiais na meala, i mbun seó dhuit,
ghreamaíos póigín ba mhilse ná ambróise.
Ba dhaor an phóg í mar ba í ba thrúig dom
bheith os cionn uaire á chéasadh ar an gcroich,
ag gabháil mo leithscéil leat ach ná féadfadh mo dheora
maolú ná bogadh ar fhraoch d'urchóide.
Níor thúisce an phóg ann go ndíbrís í ded bheola
le huisce a thriomaís led mhéara gleoite
chun ná fanfadh bréantas ort ó thadhall mó bhéil-se
is a chuma ort go mbraithis seile otrach ó mheirdreach
    bhréan ort.
Agus féach, thugais mé i m'ainnise don ngrá priaclach
nár staon óm chéasadh is óm shíor-phianadh
agus póigín an tsiúicre, a bhí ina hambróise tamall,
chomh géar is chomh searbh le heileabar,
ó ghearrais an pionós seo ar mo chion éidreorach,
tá deireadh 'nois agam is, feasta, neach ní phógfad.

Aogán Ó Muircheartaigh

S ubripui tibi, dum ludis, mellite Iuuenti,
sauiolum dulci dulcius ambrosia.
uerum id non impune tuli: namque amplius horam
suffixum in summa me memini esse cruce,
dum tibi me purgo nec possum fletibus ullis
tantillum uestrae demere saeuitiae.
nam simul id factum est, multis diluta labella
guttis abstersisti omnibus articulis,
ne quicquam nostro contractum ex ore maneret,
tanquam commictae spurca saliua lupae.
praeterea infesto miserum me tradere Amori
non cessasti omnique excruciare modo,
ut mi ex ambrosia mutatum iam fores illud
sauiolum tristi tristius elleboro.
quam quoniam poenam misero proponis amori,
nunquam iam posthac basia subripiam.

I pinched a kiss while playing with you, adorable
Juventius. A honeyed kiss, for which I paid dearly.
Seated astride a gallows tree, while begging your
forgiveness, no tears of mine could assuage your anger.
No sooner had I kissed you, than you proceeded
to wash me from your lips which you wiped with
your dainty little fingers, ensuring that nothing
contaminated from my mouth, as if it were the rank
drooling of some poxy whore, would infect yours. You
lost no time in subjecting your grieving lover to every
manner of torture, provoking him until your erstwhile,
honeyed kiss became as bitter as gall. Since you've
punished my hapless love like this, I'm damned if I'll
nick another kiss.

Frank O'Carroll

GAIUS VALERIUS CATULLUS C

Tá Caelius go héag i ngrá le hAufillenus, agus
    Quintius
le hAufillena—plúr na bhfear óg i gcathair Verona,
duine i ndiaidh an dearthár agus duine i ndiaidh na
    deirféar,
comrádaíocht chaoin na mbráithre thar ar chualamar
    riamh!
Cé agaibh is túisce liom? Leatsa, a Chaelius, a
    ghabhaim,
mar is é do chairdeas gan chuimse a sheas triail na tine
tráth bhí an lasair mhire ag scóladh mo láirse.
A chonách sin ort, a Chaelius; treise leat i ngnó an ghrá.

Máire Nic Mhaoláin

Caelius Aufilenum et Quintius Aufilenam
    flos Veronensum depereunt iuuenum,
hic fratrem, ille sororem. hoc est quod dicitur illud
fraternum uere dulce sodalicium.
cui faueam potius? Caeli, tibi: nam tua nobis
per facta exhibita est unica amicitia
cum uesana meas torreret flamma medullas.
sis felix, Caeli, sis in amore potens.

Caellius is crazy about Aufillenus and Quintius
    dotes on Aufillena.
One star-struck by the brother, the other besotted by
    the sister.
Both the cream of Veronese youth.
Cheers to the smitten brotherhood!
For whom shall I opt?
You, Caellius, who stood by me
while burning on passion's spit.

Frank O' Carroll

GAIUS VALERIUS CATULLUS CI

Shiúil mé na náisiúin agus na farraigí trí chéile
    le bheith ar láthair léanmhar an tórraimh seo, a
    dheartháir,
le go roinnfinn leat dualgas déanach seo an bháis,
agus go labhróinn ar a laghad ar bith le do luaithre
    balbh,
ó rug an chinniúint uaim thú féin –
mo thrua mar a sciobadh uaim mo dheartháir.
Ach ós mar sin atá, gabh uaim na tabhartais bhrónacha
    seo
a d'ordaigh ár sinsear a thíolacadh do na mairbh,
fliuch is mar atá siad ó dhlús na ndeor i ndiaidh mo
    dhearthár.
Ag seo, a dheartháir, mo dhúthracht duit, is céad slán
    leat go deo.

Máire Nic Mhaoláin

Multas per gentes et multa per aequora uectus
    aduenio has miseras, frater, ad inferias,
ut te postremo donarem munere mortis
et mutam nequiquam adloquerer cinerem,
quandoquidem fortuna mihi tete abstulit ipsum,
heu miser indigne frater adempte mihi.
nunc tamen interea haec, prisco quae more parentum
tradita sunt tristi munere ad inferias,
accipe fraterno multum manantia fletu
atque in perpetuum, frater, aue atque uale.

I've come through many crowds and over oceans
    to deliver this farewell to you, my brother.
Sad to be speaking to you in death,
to have to lay my pleas in passive ash,
because the turning wheel has taken you
from me—poor brother!—gone too soon and gone
away from me. Now in our parents' name
and in that ancient line that speaks to us,
although they're sodden with a brother's tears
and make a sorry gift, accept these words in passing.
Now and forever, hello and goodbye, oh my brother.

Luke Sheehan

GAIUS VALERIUS CATULLUS CII

Má lig cara cléibh a rún le fear foscúil riamh,
agus daingne a intinne ar eolas aige go teann,
gheofar mise, a Chornelius, oiread faoi gheasa leo siúd,
agus mé chomh balbh le dealbh Harpocrates óig.

Máire Nic Mhaoláin

Si quicquam tacito commissum est fido ab amico
cuius sit penitus nota fides animi,
meque esse inuenies illorum iure sacratum,
Corneli, et factum me esse puta Harpocratem.

A vow of silence
If one true friend
ever spoke in confidence
to another whose heart
was faithful,
you will find that I,
Cornelius,
served mass upon that altar,
that I am Harpocrates,
with my finger upon my lips.

Ronan Sheehan

GAIUS VALERIUS CATULLUS CIII

Mura miste leat, a Shilo, tabhair dom ar ais na
deich *sestertia*,
agus bí ansin de réir do thola cruálach agus borb:
ach más gliondrach leat an t-airgead, iarraim ort scor
de bheith i d'fhualán is in éineacht cruálach agus borb.

Pádraig Breandán Ó Laighin

Aut sodes mihi redde decem sestertia, Silo,
deinde esto quamuis saeuus et indomitus:
aut, si te nummi delectant, desine quaeso
leno esse atque idem saeuus et indomitus.

Dear Mr Silo,
you owe me thousands, in cash
so give me back my boom, my stash
then return to your intimidations
or, if the money is your fix
no more pandering, no media tricks
while making the markets topple and crash

Panchali Mukherji

GAIUS VALERIUS CATULLUS CIV

An gcreideann tú gurbh fhéidir liom an drochfhocal
a rá
faoi mo bheo, arb ionúine liom í ná an dá shúil?
Ní fhéadfainn, is le neart agam air ní bheinn chomh
caillte seo i ngrá:
ach déanann tú féin agus Tappo tuar den uile ní.

Pádraig Breandán Ó Laighin

Credis me potuisse meae maledicere uitae,
ambobus mihi quae carior est oculis?
non potui, nec, si possem, tam perdite amarem:
sed tu cum Tappone omnia monstra facis.

Do you believe that I was able to speak ill of my
life,
of her who is dearer to me than both my eyes are?
Nor would I, if able, be so miserably in love;
but you and your friend exaggerate everything.

Michael Hartnett

GAIUS VALERIUS CATULLUS CV

Déanann Bod iarracht dul suas ar shleasa Pipla: caitheann na Béithe anuas ar mhullach a chinn le pící é.

Pádraig Breandán Ó Laighin

Má fheictear buachaill dathúil i dteannta ceantálaí, cad ba dhóigh leat, ach gur mian leis go reicfí é?

Pádraig Breandán Ó Laighin

Má thit ar aon duine riamh an ní tnúthánach ab áil gan súil leis, is fíorphléisiúr don anam é.
Sa tslí sin go dearbh is pléisiúr dom, níos luachmhaire ná ór,
go bhfuil tú fillte orm, a Lesbia, údar mo thnútháin,
fillte orm a bhí tnúthánach gan súil leat, tú tagtha ar ais chugam: a sholais lae gan smúit le brath!
An bhfuil aon a mhaireann níos sonasaí ná mé, nó ábalta a rá
go bhfuil ar an saol a bharr seo ar fáil?

Pádraig Breandán Ó Laighin

Mentula conatur Pipleum scandere montem: Musae furcillis praecipitem eiciunt.

GAIUS VALERIUS CATULLUS CVI

Cum puero bello praeconem qui uidet esse, quid credat, nisi se uendere discupere?

GAIUS VALERIUS CATULLUS CVII

Si cui quid cupido optantique obtigit unquam insperanti, hoc est gratum animo proprie.
quare hoc est gratum nobis quoque, carius auro,
quod te restituis, Lesbia, mi cupido:
restituis cupido atque insperanti, ipsa refers te
nobis. o lucem candidiore nota!
quis me uno uiuit felicior, aut magis hac res
optandus uita dicere quis poterit?

Rooster rutting on Piplean hill,
Muses furious—fit to kill—
pitchforks substitute for quill.

Gerard Lyne

Beauty is made to be used,
but has its price:
when by lechers abused
it transmutes into vice.

Gerard Lyne

You know the way
we don't really believe in the miraculous
unless it happens before our eyes

then—what a transcendence of the spirit.

But you and I are such a miracle—
beyond the consumer price index.

This longed-for event
that brought us back together
has been our saviour, Lesbia
this is our Bloomsday

I'm flippin' ecstatic—
what more can I ask for
than one of life's miracles
especially when I had lost faith
in the miraculous ever happening?

Kevin Kiely

GAIUS VALERIUS CATULLUS CVIII

Má ghearrann an pobal breith bháis ort, a
Choiminias,
i do sheanaois liath, smálaithe ag iompar gránna,
níl aon amhras orm ach gurb í do theanga, namhaid na
bhfíréan,
is túisce a bhainfí asat, le tabhairt don bhadhbh
chraosach,
na súile stoite go sloga an fiach siar ina scornach dhubh
iad,
na madraí d'ionathar, is mic tíre fuíoll na mball.

Pádraig Breandán Ó Laighin

Si, Comini, populi arbitrio tua cana senectus
spurcata impuris moribus intereat,
non equidem dubito quin primum inimica bonorum
lingua exsecta auido sit data uulturio,
effossos oculos uoret atro gutture coruus,
intestina canes, cetera membra lupi.

Say, Cominius, that by popular vote
the people ask for your throat
I've no doubt the first quick thrust
will cut off your vulgar tongue
for the vulture: then, each impure eye
will be rooted out of its aged socket
and fed into the black gullet
of the raven. Sweet dreams
Cominius! Blind and speechless! Old man,
the rest is easy. The dog will devour
your bowel; and every grey and wasted
limb, that once held you nimbly aloft,
will be tossed to the wolves.

Dermot Healy

GAIUS VALERIUS CATULLUS CIX

Is suairc liom an geallamh so lé meallann tú mé –
'Go mairfidh ár ngrá gan trághadh go héag.'
A Dhé ghil, go bpromhtar na focla gan bhréag!
Go mba smaoineadh a cléibhe do scéith as a béal!
Go gcaomhnaímis go bríomhar go críoch ár ré
an naomh-chonradh cara le caraid do dhéan.

Gearóid Mac Spealáin

Iucundum, mea uita, mihi proponis amorem
hunc nostrum inter nos perpetuumque fore.
di magni, facite ut uere promittere possit
atque id sincere dicat et ex animo,
ut liceat nobis tota perducere uita
aeternum hoc sanctae foedus amicitiae.

Dear heart, you said that
this love of ours would be happy.
that it would last for ever.
You promised me
an eternity of joy.

Dear God, grant
that what she speaks
comes from the heart,
that every word
is sincere,

and will guide us
through this life.
May our friendship thrive.
Our lot be holy.
Our bond be light.

Dermot Healy

GAIUS VALERIUS CATULLUS CX

Aufillena, moltar i gcónaí leannáin luí dhílse,
faigheann siad luach a nglacann siad ar láimh.
Ó thug tú d'éitheach aimhleasach i ngach ar gheall tú dom,
ó nach mbronnann cé gur minic a ghlacann, déanann tú
  díobháil.
Cur le d'fhocal ba dhóighiúil, nó gan a gheallúint ba
  gheanmnaí,
a Aufillena: ach na bronntanais a sciobadh
agus cliseadh go calaoiseach, is measa é sin ná béas santach
na striapaí, a mheirdríonn í féin ina corp iomlán.

Pádraig Breandán Ó Laighin

Aufilena, bonae semper laudantur amicae:
accipiunt pretium quod facere instituunt.
tu, quod promisti mihi, quod mentita, inimica es;
quod nec das et fers saepe, facts facinus.
aut facere ingenuae est, aut non promisse pudicae,
Aufilena, fuit: sed data corripere
fraudando efficit plus quam meretricis auarae,
quae sese toto corpore prostituit.

Aufillena, a kind mistress
is well got: she names
her price and does what
she wants him to. Not you—

you took from the very beginning,
and took all you could
without ever giving;
it was a wrong thing

to do. You broke your word.
And with every day
that passed
the mad debt grew.

To agree was comely
it could have been fun,
but if you had not promised
no harm was done.

Not to have made a pact
would have left us both
innocent. Are you
listening, Aufillena,

the bond, that oath
still stands, despite the promise
that turned to avarice,
and the arrogant demands.

The whore would at least
have done her duty,

but you exceeded
the harlot in all her art.

Obligation played no part—
as your very mind turned
to a gnarled knot
of theft. You took

all you could get, you slut,
and, every time you sell
that dear body, you're
stealing from me yet.

Dermot Healy

GAIUS VALERIUS CATULLUS CXI

'Sé an moladh is mó a thabharfá do bhean chéile, a
Aufillena,
ná go mbeadh ar a cumas maireachtaint go sona sásta
lena fear céile,
ach is fearr go mór go ndéanfadh bean comhriachtain le
chuile fhear beo
ná luí lena hathair agus bheith ina máthair ar
dheartháireacha.

Mícheál Ó Ruairc

Aufilena, uiro contentam uiuere solo
nuptarum laus e laudibus eximiis:
sed cuiuis quamuis potius succumbere par est
quam matrem fratres ex patruo [. . .]

Here, Auffilena!
(oh, baby, oh)
   Ya seem like such a
    nice
     mot
        all standin by yer man, eh?
        The family sort;
       no gammy
      slapper
      you.

Yo.
Wait, Auffilena—
no offence meant
   but . . .
     since when do
     nice
     mots
       play
        hide the salami
        with their daddies
          and
           mammy
      (oh, baby, oh)
         baby brothers in prammies?

Blow, baby, blow,
back to yer master.
Nice be fucked;
better a brasser.

Mia Gallagher

GAIUS VALERIUS CATULLUS CXII

Tá slua mór fear ceanúil ort, a Naso, ach ní fheictear
    i do chuideachta
iad in áit phoiblí: is fear mór fear tú, a Naso, agus giolla
    amscaí.

Mícheál Ó Ruairc

Multus homo est, Naso, neque tecum multus homo
    est qui
descendit: Naso, multus es et pathicus.

So, Naso
What's the story?
Flyin solo?
    Mad.
    Had
        you
        for wan a the
    lads.
        The obligin kind;
        a good skin;
        ya can rely on him,
        all
                palsy-walsy.
Oh . . .
Do yer
    buddies
        not like it when ya
    head
    down
    town
            trousers
    round
            yer heels?
            (quick feel)
            up the . . .
                    Brenda!

Pathetic baloney.
Balletic palone.
Go . . .
    will ya,
    ya steamin bender.

Mia Gallagher

GAIUS VALERIUS CATULLUS CXIII

Agus Pompey ina chonsal don chéad uair, a Cinna,
bhí beirt
ag bualadh leathair le Maecilia, ach anois gur consal arís
é,
tá an bheirt chéanna fós léi agus tuilleadh
nach iad. Is síol torthúil an t-adhaltranas.

Mícheál Ó Ruairc

Consule Pompeio primum duo, Cinna, solebant
Maeciliam: facto consule nunc iterum
manserunt duo, sed creuerunt milia in unum
singula. fecundum semen adulterio.

See her, Cinna?
    Maecilia.

Face like a dog's dinner
    but—

back in the day . . .
    Man. She was fine.
    Well-stacked.
    Liked it both ways, baby,
        rear and
                front.
    Gaggin for a lashin,
    Ibiza-tits a-flashin,
    no lack
    a crack
    there.

    Now Pompey's back
    and the bitch is outta fashion,
    forsakin the hunt
    sacrificin the passion
    gone welfare cheque-cashin
    rearin that three-pack a
            runts.

Busy busy busy.
    Stinkin nappies
    wailin brats
        two timin
           cunt.

Mia Gallagher

Fear saibhir é Bodaí, de réir dealraimh, a bhfuil
    seilbh aige ar thailte
saibhre ag Firmum ina bhfuil neart rudaí éagsúla;
    foghlaeireacht
de chuile shórt, éisc, talamh féarach, talamh arbhair
    agus sealgaireacht.
Ach cén mhaith dó é: caitheann sé níos mo ná a
    thuilleann sé?
Géillim go bhfuil sé saibhir is nach bhfuil tada de dhíth
    air.
Bíodh meas againn ar a mhaoin shaolta cé gur duine
    gan substaint é féin.

Mícheál Ó Ruairc

Firmanus saltu non falso Mentula diues
    fertur, qui tot res in se habet egregias,
aucupium omne genus, piscis, prata, arua, ferasque.
nequiquam: fructus sumptibus exsuperat.
quare concedo sit diues, dum omnia desint;
saltum laudemus, dum modo ipse egeat.

Watch him roarin up the track—
    Mr Flash!
Big Dick
    (jammy prick)
    with his
    fourwheel drivin
    high rankin
    brand spankin
    country gaff in
                    Firmum,
                    the dumb
    wank.

    Rich, me hole.
    It all belongs the bank
    and poor Knob-end's
    no better in the sack.

Face facts.
Credit's maxed.
Roar, Cock, roar, and
fire yer useless blanks.

Mia Gallagher

GAIUS VALERIUS CATULLUS CXV

Tríocha acra móinéir geall leis, atá ag an gCoileach,
    agus daichead acra de thalamh treafa. Riasc an
    chuid eile.
Cana thaobh ná buafadh sé ar shaibhreas Chroesus, fear
    go bhfuil
oiread ollmhaitheasaí in aon eastát amháin aige –
tailte féaraigh agus barraí, coillte ollmhóra agus locha,
ón mol thuaidh go dtí an mhuir mhór?
Iontaisí móra iad seo, ach is mó go mór an t-iontas é
    féin:
ní fear é, le fírinne, ach coileach mór bagarthach.

Máire Úna Ní Bheaglaoich

Mentula habet iuxta triginta iugera prati,
    quadraginta arui: cetera sunt maria.
cur non diuitiis Croesum superare potis sit
uno qui in saltu tot bona possideat,
prata arua ingentis silvas saltusque paludesque
usque ad Hyperboreos et mare ad Oceanum?
omnia magna haec sunt, tamen ipse est maximus ultro,
non homo, sed uero mentula magna minax.

Twenty-seven some acres of docklands are the
    prick's now
plus grabs his cunting hands on the rest.
He is richer now than Haughey or O'Reilly
and he will not rest
till he privatises the sky.
All he sees the prick corrupts.
He pisses down our backs
and tells us it is raining.
Let him suck till he suffocates
on his rotten moneyed pubic hair.

The prick has escaped the tribunals.
He is rich while the dock dwellers
freeze in the shadow of his monstrosity.
He tries corralling the soul of the city
into the confinement of his mental poverty.
The citizens of the docklands are fine.
Only the prick who thinks he is rich knows no values
and will be devoured by a bank of his own creation.

Mick Rafferty

'Sminic mé ag cur is ag cúiteamh i m'aigne, a Gellius,
a mhac,
faoi dhánta de chuid Callimachus a sheoladh chugat,
ionas nach mbeifeá do mo shíorchrá le do dhiúracáin
    mhaslacha
liteartha, ach feictear domsa gur obair in aisce a bheadh
    ann,
a chladhaire, is nach fiú faic na ngrást mo chuid
    paidreacha.
Déanfaidh mé na diúracáin liteartha sin a sheachaint
is díolfaidh tusa go daor as, a phleidhce, nuair a
    ghoinfidh
mo bhurdúin cháinte féin go croí tú.

Mícheál Ó Ruairc

Saepe tibi studioso animo uenante requirens
carmina uti possem mittere Battiadae
qui te lenirem nobis, neu conarere
tela infesta mihi mittere in usque caput,
hunc uideo mihi nunc frustra sumptum esse laborem,
Gelli, nec nostras hic ualuisse preces.
contra nos tela ista tua euitamus amictu:
at fixus nostris tu dabis supplicium.

I have, Gallius, tried, through the solemn, sweet salve
and gentle poesie of Callimachus, to melt your
malice, which I hoped would endear you clemently to
me. But, as the melodic supplications of lyre and lute
can root no concord or harmony to the blitzing spite of
your restless arsenal, I will fashion my lute now as my
shield and fortress. It will herald the projectiles I will
sling at you. And my breastplate will have no abatement
till the punitive measure of your brutal discord is
exacted and your ransom formulated.

Bernadette Lowry

Worse than ever, shitholes everywhere.
Dig deeper, Catullus, cart your bones
where no-one will follow.
*

Even here it continues, fuckers
queuing the length of the alley
to give it to her where she lies
sprawled at leisure, whom I loved
as no-one will be loved again.
Even here, waiting his turn,
the ever-smiling Ignatius
with his lovely curls and teeth
brushed with Spanish piss.
*

At every turn a poet reciting
and reciting and reciting and . . .
*

No matter how often I wake
to the shreds of reputation
and go shuffling through halls
lit by scandal, or if I live
a thousand times to come upon her
doling filth on every corner
may I be struck down again and again
if I fail to cry out her name
and perish forever if I do not love her.
*

An energy, somewhere, brings it on,
flash of anger, a passion
islanded in its own rawness
and then I ride my wave
and clamber up the shore again

then the voice is assembled
a current of unease
crackling across the centuries
the door closes for the last time
the door bursts open
the language leaps from its skin again.
*

Tardised
from quay wall to quay wall
the horse trams lumber across the river
car radios
repeat the traffic warning
the place
is alive with haste
and they are all here
again
the earth rinsed from them
wide awake, deodorised
juiced and espressoed
someone's serviceable prick
even now entering her
she moans harshly in the morning
in his tree-lined street
in a southern suburb
plump Ignatius
concludes his toilet with a smile
from dozens of cradles
to as many graves he's carried
his unkillable
idiot's grin
tell him your best friend died
your mother drowned in the river

tell him his wife was seen
out of her brain in the Morrison
the district justice
unhosed around her
and the teeth will blind you with their
impossible glitter.
Come all you chubby Etruscans
you hairy Sabines and ponderous Umbrians
come all you Latvians and Kerrymen
though you wash your teeth in clean water
I couldn't watch you smile forever
still less do I desire the piss-shined grin
of the Celtiberian
whitening the skies of Dublin.
*

Go, go, go
everyone
is waiting

they need
one more little book
on its hopeful journey.

Find a spot
on the top shelf
beside the three volumes

of the *History of the Known World*
when you're taken down
maybe you'll have learned something
and maybe the world too
might reach for you

CARMINA

endure, I
will not bend.
But later, my love
when you've slipped
from the guest list
when no-one
remembers your name
who will call for you
whose tongue release you
whose lips will you bite
who will love you then?
Enough stupidity.
Be firm, persist,
endure.
*

Best of all my friends
now that you've returned
to your beloved family
now your brothers have embraced you
now the calf is sizzling
and your mother's eyes are shining
tell me everything you did
I want to hear your serious voice
explaining the history and geography
the population distribution
the crop yields, the way
you do, drawing your neck
meanwhile closer and closer
until I can kiss
your mouth and eyes again.
Of all men
who is gladder hearted

and shift tinily

in its sleep.
*

Let the whispering biddies
lurk in their corner
why should we care?
Let the suns go down and rise again
the dark hand wait
as we touch
in spilled light, and stay
so uncountably here
we lose one another
and no reckoning blight us.
*

Enough stupidity
what's lost is lost.
Once the sun
lightened your days
and you went
where she led you
she'll never be loved
like that again.
How the gods hurried
to hunger us, how
we feasted then
how light your days.
No more of that
panting madness
bring on
the stoic mottoes now.
Be firm, persist

who more blessed than I?
*

My two good friends
whose lives are linked with mine

who pack a bag and come with me
no matter where I wander

the sad conference in the sticks
the rocky business trip

the boats that time forgot
but the alligators remembered

purgatories of goulash and hard beds
the smarmy satraps in their lairs

who have climbed
and sweated and fallen

and almost died
as we crossed the mountains

who bore desert heat and bitter cold
and would even endure the English

tell her this
tell her I wish her well

may she thrive in the arms
of her three hundred lovers
long life to them

and the air consults its gods
bring the sweet
Lebanese dancer, her body
all ochred, bring wine and *mezze.*
I'll repay you
with my legendary gaiety
we'll so furnish the night
with dancing and laughter
it will take them another year
to evict the debris from this flat.
*

My dear friend
what exactly were you thinking of?
If I didn't love you more than my own eyes
I'd hate you as we all hate the bastard Vatinius
for this unwelcome gift. Do you really hate me so much
that you reward me with this gaggle of poets?
May the gods infest whoever gave them to you.
They flap and squawk and foul the vestibule.
How can I rest while they're in the house?
Here they go, out with the leftovers, they can
podcast to the rats if they can manage it, ah rats
quick, run for cover before they addle your wits.
*

Who will read these
baroque stupidities
and not flinch from my touch.
*

What
I wouldn't do to you . . .
For you, maybe,
everything written

as they pant with exhaustion

each thinking himself
held, beloved

tell her not to look for me
tell her the great love we had

is buried in the wolf lands
in the pit of Asia

tell her it lies in the eastern ocean
in the frozen Arctic wastes

or lies like the flower at the meadow's edge
after the plough has passed.
*

Come to my house tonight
but come prepared
for raw eggs and butter
a little milk, some ancient cheddar.
Even the chairs have gone
the table startled through the door
by four Lithuanian bears.
Why should I grieve? By now
it's already learnt the language
and snorts under quarts of beer.
My jackets fail to remember me
the red chest, the blue lamps
my winter coat. Come
sooner rather than later
while the light hesitates

is the life lived
every image
echoes in the kitchen
every piss pot
sings its song.
The mop and bucket
the milk carton, the bin-liner
and toilet roll are queuing up
to have their say
and if someone touches someone
in a poem of mine
you think my prick
is writing its diaries again
you think I sit
dry-mouthed in the attic
fondling the past
when I could instead
be sprawled with arseholes
in the paradise of literalists
fact-checking the classics.
Whatever house you think
these lines build
if I were you I'd wait a little
before paying the deposit.
*

It's not the winds that blast
your country retreat
but the squalls of an endless mortgage.
How long can it last?
Myhome.ie, thousands of houses
decades of unrest.
*

CARMINA

Days of wine and sestinas
of watching you
take a line and run with it
then bat it back to me across the table.
More often than not
I missed, or lobbed a weak return
for you to smash and win the game.
Back home in the small hours
so taken with it, so fired
by your easy brilliance I couldn't eat
or sleep but thrashed and jittered
like a boy in a poem
and longed for dawn when I could
break down your door again
raining lines as you rubbed your eyes
and grinned. Last night
I lay in a heap on the couch
and somehow wrote these lines
so you can picture my distress.
Don't laugh too hard, don't bin
these prayers, my clever clogs, Nemesis
remember, is an acquaintance of mine
cross her and your greatest poems
will sing you to sleep and vanish forever . . .
*

Farewell Bithynian plains
tonight we sleep in the din of The Tenters
where drinkers slouch from the converted school
and the off-licence opens late
here troubles melt and the mind
lays down its burdens
here the tickets are lost

and the mountains tumble
here's an end to fields and the rippling of lakes
here by the mosque, the boxing stadium
begins the dog's delirium.
Freed from himself he buries his nose
in the stink of the city
Home! he snorts, and so do I.
*

And if you're going to ask me
ask me now I'm on my bed
lunched, loosened

unzipped
little Ipsitilla, unhinged
but rock solid and ever ready.
*

We girls and virgin boys
are Diana's, come

sing Diana now, child
of Latona, child of Jupiter

born by the Delian olive-tree
that you might always be

our lady of the mountains
and the green woods

our lady of the secret valleys
and the teeming rivers

hallowed be what name

you will, now and ever

keep us safe.
*

Another winter closes in
Zukovsky and Celia at the table again
fulsere quondam candidi tibi soles
'Full, sure once, candid the sunny days glowed, solace . . .'

Ah!
*

Worse every day.
Worse every hour.
What exactly
would you have me say?
Would it have been
such a hardship to visit?
Have postmen vanished?
Has paper been swept from the world?
You who know me well
who understand my passion
send a few words of comfort
a postcard from Spar
a stanza or two
from the *Penguin Book of Despair*
the girl handing out papers on the corner
with her smile and her long hair.
*

Her face pouts from the festival poster:
interviewed and fêted
she's back, she's hot, she's
radioed and late lated, her life

CARMINA

spills out, juicy, surely
this heart must break
one part revelation
to three parts self-deception.
I drink my coffee
sweetened by pain
the host
drymouthed with desire
the very dust bristling
with erectile despair
she pours
the slow honey of herself
into the nation's ear.
*

What's this—
Catullus among the hedgerows
lake-lorn and rained on

where thick-bunched clouds
fill the sky, a blue light hard
behind them

and the meadow falls in waves
pheasant scrape, curlew
the white willows flutter

the light idles with the rain
over and back all afternoon
the thing still undecided
my eyes the net
stretched between them, my entire
body robed, gloomed, brightened

so much happening

I can't stay in
so much that happens

is beyond us
whose small wits encompass little
a sudden hand turns the sky up

blink once
and a galaxy is gone
the gods have lived and died.
*

If any sweetness stirs in earth, Calvus,
if anything in that silence brings
old loves stealing across the grass again
and nudges friends to stroll
hand in hand down the avenues, then surely
Quintilia might turn again
her delicate head towards you
and sorrow at her early death be swayed
by the warming pleasure of your love for her.
*

Questioned, searched, passed on
from barrier to border, crossing
by night and day, through
torn cities, through

the held breath of valleys
through famine, fire and stench
to stand
under a strange sky with the customary offerings

to bend my silence to yours and know
the gentlest breath will never reach you
the fiercest word.

I bring you buried streets
and fallen hills
the dust of your own house
the black cloak of my voice.

Lost brother
here in alien air
I stand in your arms that have left me forever.
*

What now
the song is over?
Make it again
the sweet
disaffected dance of it,
imagine this music made
in the ditches of time,
in pools of streetlight
across the planet

coming to
in the swaying tram
still at it, still here
thicktongued with want
and rubbing your finger
on the misted window to see
the brutal, lovely
persistence of the city.

Peter Sirr

Q. METELLUS CELERE'S WIDOW

Q. Metellus Celere's widow
loved by Catullus under the name of Lesbia

I was a fair and constant wife,
until you came along, a poet.
Let us enjoy life, you said; and then
you left me with a sparrow for a toy.
To toy with, to peck grudgingly at each other.
More and more months went by,
I eagerly read of kisses by the thousand,
unable to restrain my troubled spirit
by turning my anxiety into a vague, mounting
    tenderness.
It was your friends, I was told,
who would enjoy your amorous exertions.
I must admit, your verses quite overwhelmed me . . .
'fairest among them all' . . . but I was joking . . .
you, fickle, conceited, always a child . . .
'If I didn't love you, you would surely die.'
The nerve!

Spring came, and with it blooming skirmishes,
and endless abuses, too.
Winter hoarded up doubts and fancies
of loves, hatred and still more passion
thrown to the winds of jealousy . . . a restlessness that
    you could not appease,
for this and that one, with whom you would feast
and dawdle around the forum . . .
fair youths, who'd help you hatch those plots of yours,
the foolish jokes, the bawdy rumours:
you loved Lesbia. But also Cinna and Calvus!

Now you'll be telling everyone it was all my fault
our sometime love is dead.
I thought your devotion did not need the altar, vows,
a rare gift in a real man.

What about Veranius, and Fabullus?
I am the flower fallen at the meadow's edge
plucked for your useless yearnings after glory,
held tightly in one hand, while with the other
you fondly stroked a phallus . . .
On the thread of your verses I did embroider
a handkerchief; and even that, I heard,
you were relieved by a dark boy in a brothel,
between a quickie, a whore and a glass of wine.
As usual, you denied everything,
and I fooled myself into believing you in Sirmio,
alone, in your longed-for bed,
back from a journey you took with your praetor;
you were bent, I thought, on forgetting sorrow
and on rhyming promises of everlasting faith.

A phalecium betrayed you, sarcasm-crammed:
you preferred Ipsitilla to me, of all those little whores . . .
but I would not give up, and I made vows to Cupid and
    to Venus,
that they may restore you to me . . . you, 'worst of poets',
your very words . . . like a god, you laughed
at my smile, swooning in sheer delight;
it would last a few days, a month at most.
From Formia to Verona, I shan't be long . . .
There you'd stay, they said, with all sorts of youngsters
while I, in Rome, would lose my mind

after losing my Metellus.
You did come back, in a complete frenzy. And, as the
    bet was won,
what a fuss was made over a bonfire of papers!
The gods laughed out loud . . . and you roared:
'Annals of Volusius, shat-upon sheets!'

Your heart has grown weary and become accustomed
to fidelity, as you sadly say.
My love is ungrateful . . .
But if I be the most modest of lovers
of whom you are so proud, what is there for me to say?
I do not wish to lie, but it is you
who'd have me do it, and then pretend you trust me
    when I say:
only with you, should Jove himself desire me,
with you and you alone I would make love.

Anna Pacifico
translated from the Italian
by Elizabeta Mezzani

NÓTAÍ BEATHAISNÉISE

Leaganacha Gaeilge

Colm Breathnach: Rugadh 1961. Sé chnuasach filíochta foilsithe aige, chomh maith le Rogha Dánta 1991–2006 (2008). Duaiseanna éagsúla bronnta air, Duais an Bhuitléaraigh san áireamh. Aistriúchán leis i gcomhar le hAndrea Nic Thaidhg ar an úrscéal *Katz und Maus* le Günther Grass, agus saothar fada próis leis féin, *Con Trick 'An Bhalla Bháin'*, foilsithe i 2009.

Deirdre Brennan: As Baile Átha Cliath ó dhúchas. Céim sa Laidin aici. Leabhair fhilíochta léi *I Reilig na mBan Rialta* (1984), *Sruthanna Geala* (1989), *Thar Cholbha na Mara* (1993), *Ag Mealladh Réalta* (2000), agus *Ag Eitilt fara Condair* (2007), móide trí chnuasach i mBéarla. Cnuasach gearrscéalta, *An Banana Bean Sí agus Scéalta Eile* (2009), an leabhar is déanaí uaithi.

Paddy Bushe: Rugadh i mBaile Átha Cliath 1948. Cónaí air anois in Uíbh Ráthach i gCiarraí. Ocht leabhar bunfhilíochta foilsithe aige, chomh maith le trí leabhar aistriúcháin. Is iad *Gile na Gile* (2006) agus *To Ring in Silence: New and Selected Poems* (2008) na leabhair is déanaí uaidh. Is ball de Aosdána é.

Philip Cummings: Rugadh i mBéal Feirste 1964. Bhuaigh a chnuasach filíochta *Néalta* (2005) Duais Ghaeilge Glen Dimplex. Duaiseanna eile bainte aige ar dhráma raidió agus ar léirmheastóireacht. Saothar leis sna díolamaí dána *An Dubh-Thuaisceart* (1995), *An Chéad Chló* (1997), *Fearann Pinn* (2001), agus *The Echoing Years* (2007).

Bríd Dáibhís (An tSiúr M. Fionntan): Rugadh i gContae Laoise 1930. In Ord na Toirbhirte ó 1947 i leith. Múinteoir. Údar *Ceol a Pháid* (1971), *Corrán Gealaí* (1978), *Cosán Gealaí* (1989), *Tráithnín Seirce* (1999), agus aistritheoir *Salmurnaithe* (2004).

Celia de Fréine: Leabhair fhilíochta léi *Faoi Chabáistí is Ríonacha* (2001), *Fiacha Fola* (2004), *Scarecrows at Newtownards* (2005), agus *Imram: Odyssey* (2010). I measc na ngradam liteartha atá buaite aici tá Duais Patrick Kavanagh (1994), Duais Aistriúcháin Chumann Litríocht Chomparáideach na Breataine (1999), agus Gradam Litríochta Chló Iar-Chonnachta (2004).

Louis de Paor: Sé chnuasach filíochta foilsithe aige go dtí seo: *Cúpla Siamach an Ama* (2006), agus *agus rud eile de/and another thing* (2010), cnuasach dátheangach,
na cinn is déanaí acu. Léann an file a dhánta le tionlacan ceoil ón bpíobaire Ronan Browne ar an dlúthdhiosca a ghabhann leis an gcnuasach dátheangach.

Rody Gorman: Rugadh 1960. Cónaí air san Eilean Sgitheanach, áit a bhfuil sé ina Scríbhneoir ag Sabhal Mòr Ostaig. I measc na gcnuasach leis tá *Fax* (1996), *Air a' Charbad fo Thalamh* (2000), *An Duilleog agus an Crotal* (2004), *Zonda? Khamsin? Sharaav? Camanchaca?* (2006), *Chernilo* (2006) agus *Eadar Fiaradh is Balbh na h-Oidhche* (2007). Eagarthóir *An Guth*.

Seán Hutton: Rugadh i mBaile Átha Cliath 1940. I Sasana ó 1966 i leith. Cnuasaigh fhilíochta leis *Go Cathair na Traoi* (1980), *Gairdín mo Sheanuncail* (1983), *Seachrán Ruairí* (1986), agus *Na Grása* (1993). Dánta foilsithe in *An Droichead, An Guth, Aquarius, Broadsheet, Chapman, Comhar, Eddie's Own Aquarius, Feasta, Innti, Light Years, Malairt, The Irish Club News,* agus *Poetry Ireland Review*.

Biddy Jenkinson: Mórchuid cnuasach filíochta foilsithe aici ó *Baisteadh Gintlí* (1986) ar aghaidh, *Rogha Dánta* (2000) san áireamh. Gearrscéalta agus leabhair do dhaoine óga foilsithe aici. Léiríodh drámaí dá cuid ar stáitse agus ar an raidió. Roghnaíodh *An tAthair Pádraig Ó Duinnín – Bleachtaire* (2008) faoin scéim Scéalta Átha Cliath (chun leabhair Ghaeilge a chur chun cinn) sa bhliain 2010.

Claire Lyons: Bronnadh duaiseanna Oireachtais uirthi dá dráma, *Rúin* (1998), agus dá húrscéalta do dhéagóirí – *An Phluais Ama* (1999) agus *Lasair na Gréine* (2006) – agus duais Fhéile Fhilíochta na Samhna (2004) ar fhilíocht dá cuid. *Cine Shiabhra* (2009) an t-úrscéal is déanaí léi. Cnuasaigh fhilíochta léi *Damhsa na nDuilleog* (2000) agus *Thar an gClaí Teorainn* (2004).

Pádraig Mac Fhearghusa: Foilsíodh a chéad leabhar filíochta, *Faoi Léigear*, i 1980. Príomhdhuaiseanna an Oireachtais gnóthaithe ag na cnuasaigh is déanaí uaidh, *Mearcair* (1996) agus *An Dara Bás* (2002). Foilsíodh *Tóraíocht an Mhíshonais*, méar ar eolas leis i nGaeilge ar shíceolaíocht Freud agus Jung i 1997. Eagarthóir *Feasta*. Uachtarán Chonradh na Gaeilge faoi láthair.

Seán Mac Mathúna: Cnuasach scéalta as Béarla aige sa leabhar *The Atheist*, a thuill ainmniúchán ón gComhairle Ealaíon don Duais Eorpach, agus cinn as Gaeilge sa leabhar *Banana*. Dhá *novella* aige *Hulla Hul*, agus *Scéal Eitleáin*. Léirigh

Amharclann na Mainistreach agus Taibhdhearc na Gaillimhe dhá dhráma leis, *Gadaí Géar* agus *Hulla Hul* faoi seach.

Tomás Mac Síomóin: Rugadh i mBaile Átha Cliath 1938; cónaí air sa Chatalóin. Leabhair fhilíochta leis *Damhna agus Dánta eile* (1974), *Codarsnaí* (1981), *Cré agus Cláirseach* (1983), agus *Scian* (1991). I measc a fhoilseachán eile tá gearrscéalta, *Cín Lae Seangáin agus Scéalta Eile* (2005); úrscéalta, *Ag Altóir an Diabhail: Striptease Spioradálta Bheartla B* (2003), *In Inmhe* (2004), *An Tionscadal* (2007), agus *Ceallaigh: Scéal ón mBlár Catha* (2009); agus aistriúcháin, *Pedro Páramo* (2008), agus *Na Cathracha Caillte* (2004). Príomhdhuaiseanna Oireachtais bronnta air.

Domhnall Mac Síthigh: Maireann i mBaile Eaglaise i gCorca Dhuibhne, a áit dhúchais. Údar *Fan Inti* (2003), *Allagar na gCloch / Stonechat* – i gcomhar le Dominique Lieb – (2006), agus *Súil Seilge*, cnuasach filíochta (2007). Foilsíodh dornán dá dhánta in *Idir Chruach is Chuan* (2006), *Mil na Ceardlainne* (2008), *Criathar Meala* (2009), agus in irisí éagsúla.

Gearóid Mac Spealáin (1904–1975): Rugadh i Luimneach. Chaith seal mar mhúinteoir, agus seacht mbliana mar chigire bunoideachais. D'aistrigh sé saothair staire, drámaí, agus úrscéalta go Gaeilge. Bunleabhair leis na drámaí *Cúiteamh Dé, An Maide Bearnan, An Bháirseach Mná* (1942), agus *An Leigheas* (1942); na gearrscéalta *Idir Chaithréim na Cathrach* (1952); agus an t-úrscéal *Cairde na hÉigne* (1953).

Lodaidh MacFhionghain: Rugadh in Inbhir Nis, Ceap Breatainn. Príomhfheidhmeannach Oifis Iomairtean na Gàidhlig de chuid Rialtas na hAlban Nua. Cuireadh dlúthdhiosca dá chuid amhránaíochta, *A' Seo*, amach sa bhliain 2006, agus foilsíodh leabhar dá dhánta, *Famhair: Agus Dàin Ghàidhlig Eile*, sa bhliain 2008.

Máire Mhac an tSaoi: Rugadh sa bhliain 1922. Mórthionchar aici ar nuafhilíocht na Gaeilge ó fhoilsiú *Margadh na Saoire* sa bhliain 1956 ar aghaidh. Bailiúchán dá cuid filíochta, *An Cion go dTí Seo*, foilsithe 1987. Níos déanaí: *SHOA agus Dánta Eile* (1999); úrscéal gairid, *A Bhean Óg Ón…* (2001); dírbheathaisnéis, *The Same Age as the State* (2004), faoin ainm Máire Cruise O'Brien; agus stair (i gcomhar le Máire Mac Conghail agus le Liz Ó Droma), *Cérbh í Meg Russell?* (2008).

Máire Úna Ní Bheaglaoich: Rugadh agus togadh i mBaile na nGall i gCorca Dhuibhne. Seineann sí ceol go poiblí. Altanna foilsithe aice in *Comhar* agus *Foinse*. Spéis aici i gcearta daonna, agus sa Ghaeilge mar eochair an neamhspleáchais pholaitiúil.

Ceaití Ní Bheildiúin: As Baile Átha Cliath di; maireann i gCorca Dhuibhne anois, áit ar chaith sí tréimhse ina file cónaitheach faoin scéim Ealaíontóir Cónaitheach Harry Clarke. Cnuasach filíochta, *An Teorainn Bheo*, foilsithe aici (2007). Dánta léi in *Criathar Meala* (2009), *Best of Irish Poetry/Scoth na hÉigse (2008)*, *Mil na Ceardlainne* (2008), *Poetry Ireland Review 90*, *Idir Chruach is Chuan – Cúirt Phiarais* (2006), agus i bh*Feasta*, *THE SHOp*, agus *Irisleabhar Mhá Nuad*.

Dairena Ní Chinnéide: Rugadh i gCorca Dhuibhne. Cnuasaigh fhilíochta léi: *An Trodaí agus Dánta Eile/The Warrior and Other Poems* (2006); *Máthair an Fhiaigh/ The Ravens Mother* (2008); *An tEachtrannach/Das Fremde/The Stranger*, i gcomhar le Henriette Fischer agus Dominique Lieb (2008); agus *Poll na mBabies* (2008). Dánta léi ar ghearrliostaí Fhéile Idirnáisiúnta Bhéal na mBuillí (2005) agus an Strong Award (2007). Páirteach i gCuairt na nBard in Albain, i bhféilte idirnáisiúnta eile, agus sa Tionscadal Snagcheol Gaelach le haghaidh IMRAM.

Ailbhe Ní Ghearbhuigh: Ciarraíoch a d'fhreastail ar Ollscoil na hÉireann, Gaillimh. *Péacadh* (2008) a céad chnuasach filíochta. Sparánacht bronnta uirthi ag an gComhairle Ealaíon. Dánta léi in *An Guth*, *Feasta*, *Crannóg*, agus *Poetry Ireland Review*. Ailt aici ó am go chéile san *Irish Times*. Tá a cuid dánta léite aici i Montréal, Nua Eabhrac, sna Garbhchríocha, agus sa Spidéal.

Bríd Ní Mhóráin: Scríbhneoir Cónaitheach i nGaeltacht Chorca Dhuibhne ó 2003 i leith. Leabhair fhilíochta léi *Ceiliúradh Cré* (1992), *Fé Bhrat Bhríde* (2002), *Síolta an Iomais* (2006), agus *An Cosán Bán/The White Path* (2008). Foilsíodh saothar na gceardlanna a thug sí d'óige Chorca Dhuibhne in *Labharfad Leat* (2005). Eagarthóir *Idir Chúirt is Chuan – Cúirt Phiarais* (2007), agus eagarthóir Gaeilge *The Best of Irish Poetry/Scoth na hÉigse* (2008). Saothar próis léi *Thiar sa Mhainistir atá an Ghaolainn Bhreá* (1997).

Siobhán Ní Shíthigh: As Baile Eaglaise i gCorca Dhuibhne ó dhúchas; ina cónaí i gCeatharlach. Leabhair fhilíochta léi *Briathar an Tráthnóna* (2000), *Na Leaca Bána*

(2004), agus *Nuair Ná Labhrann Éan* (2007). Bhuaigh *An Bhó Riabhach* (2004), scéal do pháistí a d'eachtraigh sí agus a mhaisigh Seán Seosamh Mac an tSíthigh, duais Eilís Dillon sa bhliain 2005.

Colette Nic Aodha: Rugadh i Sruthar, Contae Mhaigh Eo. D'oibrigh mar mhúinteoir meánscoile. Dánta léi i nduanairí éagsúla. Bhuaigh duais i bhFéile Fhilíochta Dhún Laoghaire 1993. Údar *Baill Seirce* (1998), *Faoi Chrann Cnó Capaill* (2000), *Gallúnach-ar-Rópa* (2003), *Ádh Mór* (2004), *Sundial* (2005), *Between Curses/ Bainne Géar* (2006), *Ainteafan* (2008), *Scéal Ón Oirthear* (2009), agus *Raiftearaí, i gCeartlár a Dhaoine san Aonú hAois is Fiche* (2009); chuir sí *Pailéad an tSaoil* (2005) in eagar.

Máire Nic Mhaoláin: Theagasc Laidin tráth; chuir eagar ar théacsanna Laidine sa Ghúm, mar a raibh sí freagrach go príomha as an gclár foclóireachta agus téarmaíochta; dánta léi ar irisí agus sna díolamaí *Filíocht Uladh 1960-85* agus *Irrlandt - Ireland - Irland* (1993). D'aistrigh *An Mháthair* ó Iodáilis go Gaeilge, agus úrscéalta do dhaoine óga ó theangacha éagsúla, *Harry Potter agus an Órchloch*, *Artemis Fowl*, agus *Faoin Sceach Gheal* san áireamh. Dréachtaí go rialta uaithi tráth ar *An tUltach*. Ina cathaoirleach faoi láthair ar Chumann Aistritheoirí agus Teangairí na hÉireann.

Gearóid Ó Clérigh: Rugadh 1930. Mórán blianta caite thar lear aige don Roinn Gnóthaí Eachtracha. Leabhair fhilíochta leis *Ál Fiaich* (1975) agus *Creach Coigríche agus Cnuas Cois Trá* (2003). Prós: *An Ghaeilge: a Feidhm Feasta agus i gCónaí* (2004), *Dingle-Y-Whoosh, nó Cad a Dhéanfa Muid Feasta Gan Gaeltacht* (2008). Aistí próis agus véarsaíochta i bhfoilseacháin i dtíortha éagsúla, tiontú go Béarla ar "Eachtra Ghiolla an Amaráin" (*Cyphers* 8 agus 9, 1978) san áireamh.

Ciarán Ó Coigligh: Cnuasaigh fhilíochta leis *Noda; Doineann agus Uair Bhreá; Broken English agus Dánta Eile; Cion; Cín Lae 1994; Cúram File: Clann, Comhluadar, Creideamh; Aiséirí/Requiem; Zein na Gaeilge;* agus *Filíocht an Reatha/ The Poetry of Running*. Duaiseanna éagsúla litríochta bronnta air, ina measc an chéad duais i gComórtas Cuimhneacháin Dhonncha Uí Chéilleachair don úrscéal *Duibhlinn* (1991). *An Odaisé* le Pádraig de Brún (1990) i measc na leabhar atá curtha in eagar aige. Folsíodh *Dánta Eoin Pól II* – aistriúcháin – sa bhliain 2010.

Micheál Ó Cuaig: As Aill na Brún, Cill Chiaráin, Conamara. Ba mhúinteoir bunscoile é. Dhá chnuasach filíochta aige – *Uchtóga* (1985) agus *Clocha Reatha* (1986). Amhránaí cónaithe in Ollscoil na hÉireann Gaillimh (2006). Stiúrthóir Fhéile Chomórtha Joe Éinniú i gCarna. Roinnt aistriúchán déanta aige ar dhrámaí, agus cóiriú ar scripteanna don amharclann.

Dónall Ó Cuill: Rugadh i mBaile Átha Cliath, ach Gaeilge Mhúscraí ó dhúchas aige. Bhí sé ina Eagarthóir sa Ghúm. Foilsíodh cnuasach dánta leis, *Loinneog Fómhair*, i 1994. Dhá leabhar do dhéagóirí óna pheann – *Triúr Bleachtairí Óga* (1995), bunleabhar, agus *Fuadach Juventus* (1998), aistriúchán ón Iodáilis. Gníomhach leis an gComhdháil Cheilteach.

Seán Ó Curraoin: Rugadh i nGaillimh. Seal fada mar aistritheoir i Rannóg an Aistriúcháin, Teach Laighean. Trí chnuasach filíochta foilsithe aige. Ghnóthaigh sé Duais Mhichael Hartnett ar *Cloch na Cainte* (2003). Dán dá chuid sa *Leabhar Mór*. Dhá chnuasach gearrscéalta foilsithe aige. Scríobh sé beathaisnéis Mháirtín Uí Chadhain i gcomhar leis an tSiúr Bosco Costigan.

Breandán Ó Doibhlin: Rugadh i dTír Eoghain. Ollamh le Nua-Theangacha i Má Nuad ó 1958 go 1996. Údar *Néal Maidine agus Tine Oíche* a bhuaigh Duais an Oireachtais sa bhliain 1963, *An Branar gan Cur, Aistí Critice agus Cultúir I, II* agus *III*, agus *Iníon Mhaor an Uachta* a fuair Duais Amharclann na Mainistreach 1993. Foclóir analógach Gaeilge, *Gaoth an Fhocail*, agus *Sanasan Diagachta* foilsithe aige. D'aistrigh sé *Leabhar Íseáia Fáidh* ón Eabhrais do Bhíobla Mhá Nuad. Eagarthóir *Caiticiosma na hEaglaise Caitlicí*. Aistriúcháin leis *Smaointe Bhlaise Pascal, Aistí le Michel de Montaigne, Fabhalscéalta La Fontaine, An Prionsa Beag le Saint-Exupéry*, agus *Gargantua le Rabelais*, agus duanaire d'fhilíocht na Fraincise. Cúig théacsleabhar ar litríocht na Gaeilge ó 1500 to 1850 foilsithe aige. Na gradaim *Chevalier de l'Ordre National du Mérite* agus *Officier de la Légion d'Honneur* bronnta air ag Rialtas na Fraince.

Tadhg Ó Dúshláine: Corcaíoch ó dhúchas; ceangal aige le Corca Dhuibhne. Ceann Scoil an Léinn Cheiltigh, Ollscoil na hÉireann, Má Nuad. Údar *An Eoraip agus Litríocht na Gaeilge 1600-1650* (1987), *Where We Sported and Played* (1991), *Paidir File: Filíocht Sheáin Uí Ríordáin* (1993), agus cúig chnuasach filíochta, *Dialann Dánta*

(1994), *Díthreabhach Duibhneach* (1996), *Bleaist Faoistine* (1998), *Mallacht Falmaire* (2008), agus *Sa Bhaile agus i gCéin* (2009).

Simon Ó Faoláin: Rugadh i mBaile Átha Cliath; tógadh in Iarthar Duibhneach. Foilsíodh a chuid filíochta sna hirisí *Feasta, Comhar, An Gael, An Guth, Cyphers* agus *Poetry Ireland Review,* agus in áiteanna eile. Bhuaigh dán dá chuid Duais Choilm Cille 2008. Bhuaigh a chéad chnuasach, *Anam Mhadra* (2008), Duais Ghaeilge Glen Dimplex 2008 agus Duais Eithne agus Rupert Strong 2009.

Diarmuid Ó Gráinne: Rugadh i gConamara; cónaí air i Ros Comáin. Sealanna mar mhúinteoir bunscoile agus meánscoile. Tréimhsí oibre thar lear. Leabhair fhilíochta scríofa aige – *Spéir Thóirní* (1993), *Spealadh an Drúchta* (1995), agus *Coill Chríon na bhForbacha* (2001) – maraon le húrscéalta, gearrscéalta, leabhair ar an bhfealsúnacht, ar an dornálaíocht, is ar an gcoiriúlacht.

Mícheál Ó hUanacháin: Cnuasaigh fhilíochta leis *Go dTaga Léas* (1971), *Crann Tógála* (1980), *Aibítir Mheiriceá* (1981), *Tráchtaireacht ar na Cluichí Móra* (1998), *dánta.com* (2006), agus *Damhsa Rúnda* (2008). Aistriúchán déanta aige ar shaothar ó theangacha eile, agus dánta dá chuid aistrithe go Gàidhlig, Rómáinis, Seirbis, Ollainnis, Spáinnis, agus Béarla.

Pádraig Breandán Ó Laighin: File agus eolaí sóisialta. Seal fada mar ollamh le socheolaíocht i Québec, áit ar shaothraigh sé freisin chun aitheantas mar Láthair Stairiúil Náisiúnta a bhaint amach do Grosse-Île. I measc a fhoilseachán ar chúrsaí teanga tá *Acht na Gaeilge – Acht ar Strae* (2003), agus a aighneacht faoi stádas na Gaeilge san Aontas Eorpach (2004). Cathaoirleach Stádas. Eagarthóir *Catullus Gaelach* (2010). Dánta leis foilsithe in *Innti, Comhar, Feasta, An Guth,* agus i bhfoilseacháin eile. Foilsíodh a chéad chnuasach filíochta sa bhliain 1990.

Seán Ó Lúing (1917-2000): Saolaíodh i mBaile an Fheirtéaraigh, Co. Chiarraí. Laidin mar ábhar bunchéime aige. Phríomh-Aistritheoir i Rannóg an Aistriúcháin i dTeach Laighean ó 1973 ar aghaidh. I measc na mbeathaisnéisí a scríobh sé tá *Art Ó Gríofa* (1953), *John Devoy* (1961), *Ó Donnabháin Rosa I* (1969), agus *Seán an Chóta* (1985). Cnuasaigh fhilíochta leis *Bánta Dhún Urlann* (1975), *Déithe Teaghlaigh* (1984), agus *Dúnmharú Chat Alexandreia* (1997).

Pádraig Ó Máille: As Umhal Uí Mháille in iardheisceart Mhaigh Eo. Breis is dhá scór bliain caite san Afraic aige mar mhisinéir i gCumann Phádraig Naofa. Scríobh sé *Dúdhúchas* faoina thréimhse sa Nigéir, agus *Living Dangerously* faoi theacht an daonlathais sa Mhaláiv. Scríobhann sé go rialta sna hirisí *Africa: St. Patrick's Missions* agus *Timire an Chroí Rónaofa*. Dánta aige in *Innti 5* agus in irisí san Afraic.

Aogán Ó Muircheartaigh: Craoltóir le Raidió na Gaeltachta le blianta fada. Leabhair fhilíochta leis *Oíche Ghréine* (1987) a thuill duais an Ríordánaigh ag Oireachtas na Gaeilge, *Drúcht ar Chneas* (1992), agus *Athbheatha* (2002). Eagarthóir *Oidhreacht an Bhlascaoid* (1989). Foilsíodh saothar aistriúcháin leis féin agus le Pádraig Ó Snodaigh ar dhánta le Pádraic Fiacc i 2002.

Mícheál Ó Ruairc: Ceithre chnuasach filíochta i gcló, ina measc: *Fuil Samhraidh* (1987); *Humane Killing* (1992); agus *Loco i Lios na Caolbhaí* (2001). Naoi n-úrscéalta i gcló, ina measc: *Trasna na dTonnta* (2001); *An bhFaca Éinne Agaibh Roy Keane?* (2003); agus *An Saol i Sladbhaile* (2008). Cnuasach scéalta leis do dhéagóirí scoile *Na Lucha ag Rince* (2009), agus *Daoine a Itheann Daoine* (2010) a chéad chnuasach gearrscéalta.

Pádraig Ó Snodaigh: Saolaíodh i gCeatharlach 1935. Cnuasaigh fhilíochta leis *Cumha agus Cumann* (1985) – atá aistrithe go hIodáilis – *Cúl le Cúl* (1988), *Ó Pharnell go Queenie* (1991), agus *Cronú* (2004). Trí *novella* leis *Rex* (1981), *Linda* (1987), atá foilsithe freisin le haistriúchán Iodáilise (1997), agus ceann i nGaeilge le haistriúchán Iodáilise, *Len* (1999). Údar *Hidden Ulster: Protestants and the Irish Language* (1995) agus saothair staire eile. Foilsitheoir a bhunaigh Coiscéim.

Derry O'Sullivan: As Beanntraí ó dhúchas; cónaí air i bPáras ó 1969. Céimí sa Laidin. Cnuasaigh fhilíochta leis *Cá Bhfuil do Iúdás?* (1987), *Cá Bhfuil Tiarna Talún L'Univers?* (1994), *An Lá go dTáinig Siad* (2005), agus *An bhFuil Cead Agam Dul Amach, Más é do Thoil é?* (2009). Duais Sheáin Uí Ríordáin agus duaiseanna eile Oireachtais bainte aige. Cnuasach i bhFraincis, *En mal de fleurs,* foilsithe i Québec (1988). Dánta dá chuid i nduanairí éagsúla.

Liam Prút: B'aistritheoir sinsearach i dTithe an Oireachtais é. Foilsíodh a chéad chnuasach, *Fíon as Seithí Óir,* i 1972, agus tá dánta leis ar na hirisí liteartha ó thús na seascaidí i leith. *Cnap-Uaisle* (2008) an t-ochtú cnuasach filíochta leis. Eagarthóir litríochta *Comhar* sna blianta 1996-7. D'aimsigh sé scata nua dánta le Liam Dall Ó hIfearnáin (*Dúchas 1986-1989*, 1990).

Nuala Reilly: Rugadh agus tógadh in Ard Mhacha; cónaí uirthi le fada i nDoire Cholm Cille. Dánta léi foilsithe ar *Comhar* agus *Feasta*. Bronnadh an chéad duais ar dhán dá cuid ag Féile Idirnáisiúnta Filíochta Bhéal na mBuillí sa bhliain 2005. Foilsíodh cnuasach filíochta léi, *Magus Ballyrath*, sa bhliain 2008.

Gabriel Rosenstock: Údar/aistritheoir breis is 150 leabhar, a bhformhór i nGaeilge. I measc na leabhar Béarla is déanaí uaidh tá *Haiku Enlightenment* agus *Haiku, the Gentle Art of Disappearing*, agus *Uttering Her Name*. Foilsíodh an dara himleabhar den díolaim *Guthanna Beannaithe an Domhain* ar na mallaibh. Ball de Aosdána. Bhronn Uachtarán na Pacastáine an bonn Tamgha-I-Khidmat air tar éis dó leaganacha Gaeilge de mhórfhilíocht na Pacastáine a fhoilsiú.

Dolores Stewart: Cnuasaigh fhilíochta i nGaeilge léi *'Sé Sin le Rá* (2001) agus *An Cosán Dearg* (2004); cnuasaigh i mBéarla *In Out of the Rain* (1999) agus *Presence of Mind* (2005). Ghlac sí páirt i dTuras na bhFilí Éireannacha go hAlbain sa bhliain 2004, agus chaith sí seal cónaithe i dTeach Heinrich Böll ar Oileán Acla. Sparánacht faighte aici ón gComhairle Ealaíon.

Brian Stowell: Rugadh i nDúlais, Oileán Mhanann, 1936. Sealanna mar mhúinteoir agus mar léachtóir. Ceapadh mar Oifigeach Manainnise do Rialtas Mhanann 1991. Cúrsaí Manainnise curtha le chéile aige, agus bhí siad á n-úsáid sna scoileanna faoina threoir. D'éirigh sé as obair oifigiúil sa bhliain 1996, ach lean sé air ag obair ar son na teanga.

Áine Uí Fhoghlú: As Gaeltacht na Rinne, Co. Phort Láirge. Cnuasaigh fhilíochta léi *Aistear Aonair* (1999) agus *An Liú sa Chuan* (2007). Eagarthóir *Dánta Mílaoise* (2000). Dánta léi foilsithe i mórán foilseachán, agus ábhar craolta aici ar raidió is teilifís. Mórchuid gradam agus sparánachtaí bronnta uirthe as a cuid filíochta. Duais an Oireachtais buaite ag an leabhar is déanaí uaithi, an t-úrscéilín *Crúba na Cinniúna* (2009).

BIOGRAPHIES

Translations into English

Simon Ashe-Browne is a writer and actor living in Dublin. In 2003 he was the National Winner of the Seán Dunne Memorial Prize.

John Banville's books include *The Book of Evidence*, *The Sea* and *The Infinities*.

Jay Bernard is author of *Your Sign is Cuckoo, Girl*, which was the Poetry Book Society's pamphlet choice for summer 2008. She was recently poet in residence on allotments in London and Oxford, and at the Benenden School in Kent. She has read her work on radio shows such as *The Verb*, *The Green Room* and the *Today Show*, written a libretto commissioned by the Royal Opera House and a monthly cartoon strip called *Budo*. She currently blogs at brnrrd.wordpress.com.

Conor Bowman is a barrister and writer. He was born in Galway and lives in Co. Meath. He was educated at Newbridge College, University College Galway, King's Inns and Cambridge University.

Kevin Byrne was born and lives in Dublin. Poet.

Michael Carroll was born in Dublin. He is currently studying for a PhD in classics at St John's College, Cambridge.

Philip Casey was born to Irish parents in London in 1950 and grew up in Co. Wexford. His collections include *Those Distant Summers* (1980), *After Thunder* (1985), and *Dialogue in Fading Light/New and Selected Poems* (2005). He has written a trilogy of novels: *The Fabulists* (1994), *The Water Star* (1999), and *The Fisher Child* (2001). He is a member of Aosdána and lives in Dublin.

Richard Clarke was born in Dublin in 1953 and educated at Gonzaga College, University College Dublin, and The King's Inns. He has been a student of the classics all his life.

Tom Conaty was born in 1957. Originally from Cavan, he now lives in Dublin. His first collection, *An Exaltation of Starlings*, was published by Doghouse in April 2010.

Pádraig J. Daly was born in Dungarvan, Co. Waterford; he is an Augustinian friar and parish priest of Ballyboden. He has published eleven collections of original poems, of which the most recent is *Afterlife*, as well as two collections of translations from Irish and three collections of translations from Italian.

Gerald Dawe's poetry collections include *The Morning Train*, *Lake Geneva* and *Points West*. He has also published *The World as Province: Selected Prose* and (with Marco Sonzogni) *The Night Fountain: Early poems of Salvatore Quasimodo*. He is senior lecturer and director of the Oscar Wilde Centre, School of English, Trinity College Dublin

John F. Deane was born on Achill Island in 1943. He founded Poetry Ireland and *The Poetry Ireland Review* in 1979. In 2007 he was honoured by the French government with the title of Chevalier de l'ordre des arts et des lettres. His most recent collection of poetry is *A Little Book of Heroes* (2008). He is a member of Aosdána.

John Dillon is Regius Professor of Greek (Emeritus) in Trinity College, Dublin. Educated at Oxford and the University of California, Berkeley, he is an authority on Greek philosophy, particularly Plato and the Platonic Tradition. His chief works include *The Hidden Platonists* (1977, 1996) and *The Heirs of Plato* (2003). He has written a novel, *The Scent of Eucalyptus* (2006).

Katie Donovan is a poet. Her latest book is entitled *Rootling: New and Selected Poems* published by Bloodaxe Books, UK, in May 2010. She teaches creative writing at IADT, Dún Laoghaire, Co. Dublin.

Martina Evans is a poet, novelist and teacher. She was born in Cork, the youngest of ten children. She has published three novels and her fourth book of poetry, *Facing the Public*, came out from Anvil Press in 2009.

Gerard Fanning's most recent collection is *Water & Power* (2004). A *New & Selected* edition of his poems is due in 2011.

Anne Fitzgerald is a graduate of Trinity College, Dublin and Queen's University, Belfast. Her poetry collections are *Swimming Lessons* (2001) and *The Map of Everything* (2006). She is a recipient of the Ireland Fund of Monaco Writer-in-Residence bursary at The Princess Grace Irish Library, Monaco (2007).

Mia Gallagher's first novel *HellFire* (2006) won the Literature Award in Irish Tatler's Women of the Year 2007. Her short stories (published in Ireland, the UK, and the US) have also won awards, including the START Chapbook Prize 2005.

Matthew Geden was born and brought up in the English Midlands, moving to Kinsale, Co. Cork in 1990, where he now runs an independent bookshop. His publications include *Kinsale Poems, Autumn: Twenty Poems by Guillaume Apollinaire* and *Swimming to Albania* (2009).

Jack Harte was born in Sligo in 1944. His short story collections include *Murphy in the Underworld* (1986), *Birds and Selected Stories* (2001), and *From Under Gogol's Nose* (2004). His novels include *Homage* (1992), *In the wake of the Bagger* (2006), and *Reflections in a Tar Barrel* (2008). He lives in Dublin.

Michael Hartnett was born in Co. Limerick in 1944 and lived in Dublin for many years. His poetry collections include *Anatomy of a Cliché* (1968), *A Farewell to English* (1975), *Prisoners* (1977), *Do Nuala: Foighne Chrainn* (1984), *Poems to Younger Women* (1988), and *New and Selected Poems* (1995). He translated poets including Federico García Lorca, St John of the Cross, Dáibhí Ó Bruadair, Aodhaghán Ó Rathaille, and Nuala Ní Dhomhnaill. He was a member of Aosdána. He died on October 13, 1999.

Dermot Healy lives in Sligo. His forthcoming publications include the novel *Long Time No See* and the poetry collection *A Fools Errant*. He is a member of Aosdána.

Richard Kearney was born in Cork in 1954. He holds the Charles B. Seelig Chair of Philosophy at Boston College. His publications include *Sam's Fall* and *Walking at Sea Level*. His philosophical works include *The Wake of Imagination* (1988), *Strangers, Gods and Monsters: Interpreting Otherness* (2002), and *Anatheism* (2009).

Rita Kelly was born in Galway in 1953. She writes poetry, fiction, drama, and criticism, in Irish and in English. Her most recent poetry collection is *Turas go bun na Spéire* (2009). She has won various awards, including the Patrick & Kathleen Kavanagh Memorial Award.

Kevin Kiely is a poet, novelist, playwright and literary critic. Born in Co. Down, Northern Ireland, his publications include *Quintesse* (1982), *Mere Mortals* (1989),

Plainchant for a Sundering (2001), *Breakfast with Sylvia* (2005), *A Horse Called El Dorado* (2005) and *Francis Stuart: Artist and Outcast* (2008). He has won the Patrick Kavanagh Fellowship in Poetry and a Bisto Honour Award.

Michael Longley was born in Belfast in 1939. His poetry collections include *No Continuing City* (1969), *Gorse Fires* (1991), *The Weather in Japan* (2000), and *Collected Poems* (2006). He is a Fellow of the Royal Society of Literature, a member of Aosdána, and of the Cultural Traditions Group, which promotes acceptance and understanding of cultural diversity in Northern Ireland. He lives in Belfast.

Dave Lordan's debut collection of poetry *The Boy in the Ring* (2007) won the Patrick Kavanagh Award in manuscript form in 2005, and in 2008 won the Strong Award for best first collection and was shortlisted for the Irish Times Poetry Now Award. His second collection *Invitation to a Sacrifice* was published in summer 2010.

Bernadette Lowry works as a freelance curator, writer and English teacher. Her *The Garden of Eden: The Forgotten Legacy of Percy French* is forthcoming in 2011.

Gerard Lyne is former Keeper of Manuscripts in the National Library of Ireland. He is author of the award-winning *The Lansdowne Estate in Kerry under the agency of William Steuart Trench, 1849–72* (Dublin 2001) which inspired an acclaimed RTÉ documentary directed by Seán Ó Mórdha. He is assistant editor of the private correspondence of Daniel O'Connell and has published numerous articles on Kerry social history.

Thomas McCarthy was born in Cappoquin, Co. Waterford, in 1954. His poetry collections include *The First Convention* (1978), *The Non-Aligned Storyteller* (1984), and *The Last Geraldine Officer* (2009). His fiction includes *Without Power* (Poolbeg Press, 1991); and *Asya and Christine* (1992). He is a member of Aosdána, and lives in Cork.

Hedley McConnell was born in Dublin in 1953 and educated at Downside and Hartigan's, has lived in Dublin, Somerset, Derby, London, Wicklow, Carrick-on-Suir and, since 1990, Tenerife; and has worked in photography, photo journalism, film post-production and most recently as a columnist.

Philip McDonagh was born in 1952. As a diplomat he has had postings throughout Europe and in India. He is currently Irish Ambassador to Russia. His most recent

BIOGRAPHIES

collection is *The Song the Oriole Sang* (2010).

Hugh McFadden is a poet, critic, and literary editor who lives in Dublin. His poems have been published widely in literary magazines in Ireland and Britain. He is the author of three collections of poetry, the most recent being *Elegies & Epiphanies* (2005). He is the executor of the literary estate of John Jordan.

Frank McGuinness was born in Buncrana, Co. Donegal, in 1953. His plays include *The Factory Girls* (1982), *Observe the Sons of Ulster Marching Towards the Somme* (1985), *Carthaginians* (1988), *Someone Who'll Watch Over Me* (The Abbey Theatre, 1992), *Mutabilitie* (1997), and *There Came A Gypsy Riding* (2007). His poetry collections are *Booterstown* (1994); *Stone Jug* (2003); and *Dulse* (2007). He is a member of Aosdána and lives in Co. Dublin.

Max McGuinness is a PhD student at the Department of French and Romance Philology at Columbia University in New York. He has written for many publications in Ireland, the UK and the USA. His first play, *Up the Republic!*, was performed in Oxford, London and Edinburgh during 2007/8.

Brian Mackey is a retired doctor whose poetry has been widely published in literary magazines and newspapers in the US, Canada, Australia, the UK, and Ireland. He lives with his family in Co. Wexford.

Grania Mackey graduated from Cambridge University in 1993 and has worked as a script editor for films and TV dramas, and most recently was Head of Editorial for Yahoo! Europe's internet marketing division. She has written many short stories, poems, and a children's book and is working on a novel.

Derek Mahon's recent publications include *Harbour Lights* (2005), *Life on Earth* (2008) and *An Autumn Wind* (2010).

Tom Mathews was born in Dublin in 1952. He is a freelance writer, critic and cartoonist. His work appears weekly in *The Irish Times* and *The Sunday Independent*. His most recent collection is *The Owl and the Pussycat* (2009).

Panchali Mukherji was born in Calcutta, India in 1973 and currently resides in Dublin. She has recently been published in the Dedalus Press anthology *Landing*

Places. She has been chosen to feature in the listing of poets on the Poetry International website and has also recently read at the West Cork Literary Festival 2010. She has recently moved from Dublin to Beijing.

Eiléan Ní Chuilleanáin was born in Cork in 1942. Her poetry collections include *Acts and Monuments* (1972), *The Second Voyage* (1977), *The Magdalene Sermon* (1989), and *The Girl Who Married the Reindeer* (2001). She was awarded the tenth annual Griffin Poetry Prize for The Sun-fish. She is a member of Aosdána and a Fellow of Trinity College, Dublin.

Frank O'Carroll grew up in Kerry in the Forties before moving to Dublin where he worked as a primary teacher. He is now retired. He has written two collections of short stories and one collection of poems. He is currently preparing a third collection of stories for publication.

Toyin Odelade has lived in three countries: China, Nigeria and Ireland. She was educated at Rockwell College, Tipperary, and NUI Galway, graduating with an honours degree in Science. She writes adventure romance for those who enjoy a fun read.

John O'Donnell was born in 1960. He has published two collections: *Some Other Country* (2002) and *Icarus Sees His Father Fly* (2004). He has won awards including the Hennessy/Sunday Tribune Award, the Irish Funds Prize and the Irish National Poetry Prize. He lives in Dublin.

Fintan O'Higgins is a soap writer from Dublin. His verse and prose have been published in various journals internationally.

Karl O'Neill was born in Armagh and is an actor and author of a children's book, *The Most Beautiful Letter in the World* and novel *August Time*. A contributor to RTÉ *Sunday Miscellany*, he has been shortlisted in the Francis McManus competition and had his work published in periodicals such as *Kino* and *Grist*.

Anna Pacifico lives and works in Verona, where she has helped to establish an archive relating to the history of women. Her poetry collections are *Quando s'aore il silenzio?* (2003), *Per rabbia e per amare* (2004), and *Eva in Eva* (2006). She is a member of the International Association of Art, Science and Letters.

BIOGRAPHIES

Mick Rafferty was born in Dublin's North inner city, and grew up in Ballyfermot and Sheriff Street in Dublin's docklands. He has worked for many years as a community worker in the city, developing Community Technical Aid which gives specialised support to communities struggling in urban change.

Sarah Rees Brennan was born and raised in Ireland and has lived in New York and London. She is the author of a trilogy of fantasy novels, the *Demon's Lexicon* series, the first of which was long-listed for the Carnegie award, short-listed for the Leeds Book Award, a Top Ten British Fantasy Award winner and one of the American Library Association's Ten Best Books of 2009.

Lydia Sasse's father was a poet. She grew up in a little village in the Himalayas where in lieu of TV she started writing journals and she's been writing ever since.

Luke Sheehan is a writer and journalist based in Dublin.

Ronan Sheehan was born in Dublin in 1953. He was educated at Gonzaga College, University College Dublin and the Incorporated Law Society. His papers form part of the National Library collection. His books include *The Heart Of The City* (1988) and *Foley's Asia* (1999).

Peter Sirr was born in Waterford. In 1982 he won the Patrick Kavanagh Award and in 1983 the poetry prize at Listowel Writers' Week. His latest collections of poetry are *Selected Poems 1982-2004* (2004) and *The Thing Is* (2009). He is a member of Aosdána, a former director of the Irish Writers' Centre, and a former editor of *Poetry Ireland Review*. He lives in Dublin.

Gerard Smyth was born in Dublin where he still lives. His poetry has appeared widely in publications in Ireland, the UK and the US since the late 1960s. His most recent collection is *The Fullness of Time: New and Selected Poems* (2010). He is a member of Aosdána.

John Stephenson was a central figure in the transformation of the Irish arts in the 1970s and early 1980s. Director of the Sheridan era Project Arts Centre, and of the 1980 London Festival 'A Sense of Ireland', and later 'The Flaming Door'—75th Easter Rising Anniversary; and the first Saint Patrick's Day Festival in 1996. Educated Belvedere College and Trinity College Dublin.

Sarah Tully is an English language teacher and a volunteer tutor with Fighting Words (Creative Writing Centre, Dublin) where she facilitates Playwriting and Performance workshops. Born in Drogheda, Sarah studied Drama and Theatre Studies (Royal Holloway, University of London) and English and Psychology (University College Dublin).She has a professional background in media and the arts and is currently writing a children's novel.